Veröffentlichungen des Instituts für Orthodoxe Theologie

Herausgegeben von Theodor Nikolaou

Band 2

Die Große Fastenzeit

Askese und Liturgie in der Orthodoxie

Zweite verbesserte Auflage

Veröffentlichungen des Instituts für Orthodoxe Theologie

Herausgegeben von Theodor Nikolaou

Band 2

Alexander Schmemann

Die Große Fastenzeit

Askese und Liturgie in der Orthodoxen Kirche

Aus dem Englischen von Elmar Kalthoff

Zweite verbesserte Auflage

Die englische Ausgabe erschien unter dem Titel:
Alexander Schmemann,
GREAT LENT. Journey to Pascha,
St. Vladimir's Seminary Press, Crestwood, New York 1969

Revised Edition 1974 (ohne Untertitel: Journey to Pascha)

Alexander Schmemann
DIE GROßE FASTENZEIT
Askese und Liturgie in der Orthodoxen Kirche,
aus dem Englischen übersetzt von Elmar Kalthoff,
(Veröffentlichung des Instituts für Orthodoxe Theologie, Band 2),
2., verbesserte Auflage

ISBN 978-3-8306-7272-2

1. Auflage: 1994

Vorwort des Herausgebers

Mit dem Band »Bayerns Philhellenismus« wurde vor einem Jahr die neue Reihe der Münchener Universitätsschriften »Veröffentlichungen des Instituts für Orthodoxe Theologie« eröffnet. War dieser erste Band nur zum Teil von kirchlich-theologischem Interesse, so entspricht das vorliegende Werk völlig der ins Auge gefaßten Ausrichtung der Reihe. Ergänzend zum »Orthodoxen Forum« soll sie dem deutschsprachigen Leser Abhandlungen über orthodoxe Theologie und Spiritualität zugänglich machen. Solche Publikationen sind weiterhin eine Seltenheit, obwohl einerseits das große Ideal eines politisch vereinigten Europas Gestalt anzunehmen beginnt und andererseits fast die Hälfte der europäischen Bevölkerung orthodoxen Glaubens ist. Daß aber die Einigung Europas - wenn sie solide und von Bestand sein sollte - nicht nur wirtschaftliche Interessen verfolgen darf, sondern auch unbedingt den rechten, respektvollen Umgang mit der kulturellen Eigenart und den religiösen Erfahrungen der europäischen Völker insgesamt einschließen muß, ist wohl unumstritten. Da ein solcher Umgang die Kenntnis der jeweiligen kulturellen und religiösen Werte des anderen voraussetzt, hoffe ich, daß diese Reihe im deutschen Sprachraum einen bescheidenen Beitrag zum Kennenlernen der orthodoxen Tradition leisten wird.

Die vorliegende Abhandlung »Die Große Fastenzeit« von Protopresbyter Alexander Schmemann (* 1921 in Tallinn/Estland, † 1983 in New York), einem der bekannten orthodoxen Theologen, die in diesem Jahrhundert infolge der kommunistischen Machtergreifung in Rußland im Westen gewirkt und auf vielfältige und kompetente Weise die Orthodoxie bekannt gemacht haben, führt direkt ins Herz ostkirchlicher Liturgie und Frömmigkeit (mehr über Schmemann vgl. *Bernard Dupuy*, Un témoin de l'Orthodoxie contemporaine: le Père Alexandre Schmemann (1921-1983), *Istina* 30 [1983] 117-130). Sie führt nämlich in das liturgische Leben der vorösterlichen Zeit ein, welche bekanntlich der Vorbereitung auf das »Fest der Feste«, die Kreuzigung und die Auferstehung des Herrn, dient. Sie erläutert die Botschaft der reuevollen Umkehr, des intensiven Gebets und des geistigen und leiblichen Fastens, wie diese in die Hymnen und die liturgische Tradition der Kirche im Laufe der Jahrhunderte Eingang gefunden haben. Dadurch verhilft sie den orthodoxen Christen zu einem tieferen Verstehen und bewußteren Erleben dieser Zeit und vermittelt gleichzeitig auch dem Nichtorthodoxen einige wichtige Aspekte christlichen Lebens schlechthin.

Theodor Nikolaou

Vorwort des Herausgebers zur 2. Auflage

Die erste Auflage des vorliegenden Buches aus dem Jahr 1994 ist bereits in den neunziger Jahren vergriffen worden. Trotz der Nachfrage ist es aus verschiedenen - nicht zuletzt finanziellen - Gründen nicht möglich gewesen, das Buch früher neu aufzulegen. Umso mehr freut es mich jetzt, hiermit das Buch dem interessierten Publikum in zweiter Auflage vorlegen zu können. Diese zweite Auflage kam auch durch die Hilfe von Dr. Dr. Anargyros Anapliotis und Elmar Kalthoff zustande. Der erste hat sich um die elektronische Vorbereitung der Drucklegung gekümmert, während letzterer sich die Mühe gemacht hat, einige kritische Bemerkungen in den uns bekannt gewordenen Rezensionen der ersten Auflage[1] einzuarbeiten, sodass diese Auflage eine verbesserte ist.

Theodor Nikolaou

Vorwort des Übersetzers

Die vorliegende Übersetzung soll einem größeren Leserkreis im deutschen Sprachraum das Verständnis der Orthodoxen Kirche über die Verbindung von Askese und Liturgie, wie sie besonders in der Großen Fastenzeit erlebt wird, aufzeigen. Die Darstellung von Alexander Schmemann bildet hierzu eine geradezu ideale Handreichung, da dem Leser in der Person von A. Schmemann ein Theologe gegenübertritt, der über eine ausgezeichnete Sachkunde verfügt und darüber hinaus die ihm aus seinem priesterlichen Wirken erwachsenen spirituellen Erfahrungen mit einbringen kann. Hierdurch wird der Leser zusätzlichen Gewinn aus der Lektüre dieses Buches schöpfen.

Der Untertitel ›Askese und Liturgie in der Orthodoxen Kirche‹, der in Anlehnung an eine französische Übersetzung des englischen Originalwerkes gewählt wurde, unterstreicht, worauf der Verfasser sein Hauptaugenmerk bei der Darstellung der Großen Fastenzeit richten wollte. Schmemann wollte sich zunächst vor allem an orthodoxe Gläubige wenden. Die Art seiner Darlegungen gewährt aber auch einem nichtorthodoxen Christen einen fundierten Einblick in die Gedankenwelt der Orthodoxen Kirche. Sie informiert sachkundig und authentisch und kann somit auch das Gespräch zwischen Menschen unterschiedlichen Bekenntnisses fördern.

Die Übersetzung entstand im Zusammenhang mit Studien des Übersetzers am »Institut de Théologie Orthodoxe Saint-Serge«, Paris, zunächst auf der Grundlage einer französischen Übersetzung des Werkes. Diese Übersetzung hier hat nach fruchtbaren Hinweisen von Herrn Prof. Dr. Dr. Th. Nikolaou, Institut für Orthodoxe Theologie der Ludwig-Maximilians-Universität München, die revidierte Ausgabe der englischen Fassung von 1974 zur Grundlage.

---

[1] Die betreffenden Rezensionen sind: *KNA - ÖKI*, Nr. 12, 14. März 1995, S. 13-15 (Dr Dr. *Ferdinand R. Gahbauer, OSB*); *Der Christliche Osten* 50 (1995) 77-78 (*Martin Petzolt*); *Ostkirchliche Studien* 44 (1995) 216-217 (*Coelestin Patock, OSA*); *Ἀνάπλασις* 360 (1995) 157 (*A. B. Παλαντζά*); *Kirche im Osten* 39 (1996) 234-235 (*Gisela Schröder*); Orientalia Christiana Periodica 62 (1996) 494 (E. G. Farrugia, S.J.).

Ein Anliegen des Übersetzers bestand darin, dem Leser das Werk von Vater Alexander Schmemann in seiner ursprünglichen Form vorzulegen. Deshalb wurde auf eine Aktualisierung der Literaturangaben verzichtet.

Elmar Kalthoff

Vorwort des Verfassers

Diese kurze Darlegung der Großen Fastenzeit ist für all jene - und das sind in unseren Tagen viele - geschrieben, die ein besseres Verständnis der liturgischen Tradition der Kirche und eine bewußtere Teilnahme an ihrem Leben anstreben.

Die Umkehr in Reue ist, wie wir wissen, der Beginn und die Bedingung für ein wahrhaft christliches Leben. Das erste Wort Christi, mit dem er seine Verkündigung begann, lautete: »Kehrt um!« (Mt 4,17). Aber was bedeutet diese Umkehr in Reue? In der Hetze unseres Alltagslebens finden wir keine Zeit, darüber nachzudenken, und wir lassen uns ganz einfach zu dem Schluß verleiten, daß all das, was wir während der Fastenzeit tun müssen, nur darin bestünde, uns bestimmter Speisen zu enthalten, unsere »Vergnügungen« einzuschränken, zur Beichte zu gehen, um von einem Priester die Lossprechung zu erlangen, die heilige Kommunion (einmal im Verlauf des Jahres!) zu empfangen und uns sodann als völlig »in der Ordnung stehend« bis zum folgenden Jahr zu wähnen. Es muß jedoch einen besonderen Grund haben, daß die Kirche diese sieben Wochen als eine besondere Zeit für die Buße bestimmt hat und daß sie uns zu einer lang anhaltenden spirituellen Anstrengung aufruft. All dies soll sicherlich *mich*, *meinen* Glauben, *mein* Leben und *meine* Mitgliedschaft in der Kirche angehen. Besteht also meine erste Pflicht nicht darin, die Lehre meiner Kirche über die Fastenzeit zu verstehen und zu versuchen, ein orthodoxer Christ nicht nur dem Namen nach, sondern auch gerade im Lebensvollzug zu sein?

Auf die Fragen: Was ist Umkehr in Reue?, Warum haben wir sie nötig?, Wie können wir sie vollziehen?, gibt die Große Fastenzeit die Antwort. Sie ist wahrhaft eine Schule der Umkehr, in die jeder Christ jedes Jahr gehen muß, um seinen Glauben zu vertiefen, sein Leben neu zu überdenken und um es, soweit wie möglich, zu ändern. Es ist eine wunderbare Pilgerfahrt zu den eigentlichen Quellen des orthodoxen Glaubens, eine Wiederentdeckung der orthodoxen Lebensweise.

Durch die Gestalt und den Geist ihrer Fastenliturgie bringt uns die Kirche den Sinn dieser einzigartigen Zeit nahe. Diese kurze Erläuterung der Fastenzeit hat deshalb hauptsächlich, wenn auch nicht ausschließlich, die Fastengottesdienste zur Grundlage. Meine Hoffnung geht dahin, daß der Leser für sich selbst entdecken kann, daß es in dieser Welt nichts gibt, was so herrlich und tiefgehend, so mit Geist erfüllt und so mit Geist erfüllend ist wie das, was uns die Kirche als unsere Mutter offenbart und uns freizügig schenkt, sobald wir in die gesegnete Zeit des »Fasten-Frühlings« eingetreten sind.

INHALTSVERZEICHNIS

Einleitung

Die Fastenzeit - Eine Reise auf Ostern zu[2]

Wenn ein Mensch eine Reise antritt, sollte er wissen, wohin er geht. So verhält es sich auch mit der Fastenzeit. Die Fastenzeit ist vor allem eine geistliche Reise und ihre Bestimmung heißt Ostern, das »Fest der Feste«. Sie ist die Vorbereitung auf die »Erfüllung des Paschas, der wirklichen Offenbarung«. Wir sollten somit zu Beginn diese Verbindung zwischen der Fastenzeit und Ostern zu verstehen suchen; denn sie offenbart etwas für unseren Glauben und unser christliches Leben sehr Wesentliches und Entscheidendes.

Ist es nötig, darauf hinzuweisen, daß Ostern sehr viel mehr ist als ein Fest unter Festen, sehr viel mehr als die jährliche Gedächtnisfeier eines vergangenen Ereignisses?

Jeder, der - und sei es auch nur für ein einziges Mal - an der Feier dieser Nacht teilgenommen hat, die »heller ist als der Tag«, jeder, der diese einzigartige Freude gekostet hat, weiß sehr wohl um sie. Aber woher kommt diese Freude? Und warum können wir mit der österlichen Liturgie singen: »Heute ist alles mit Licht erfüllt, Himmel und Erde und Totenwelt ...«? In welchem Sinne feiern wir, wie wir es ja zu tun vorgeben, »den Tod des Todes, die Zerstörung des Hades, den Beginn eines neuen und ewig währenden Lebens ...«? Auf alle diese Fragen gibt es nur eine einzige Antwort: Das *Neue Leben*, das seit beinahe zweitausend Jahren aus dem Grabe heraus erstrahlt, wurde uns geschenkt und all jenen, die an Christus glauben. Es wurde uns geschenkt am Tage unserer Taufe, an dem, wie der heilige Paulus sagt, »wir mit Christus ... in seinem Tode begraben wurden, damit auch wir, so wie Christus von den Toten auferstanden ist, in einem neuen Leben wandeln können« (Röm 6,4). So feiern wir zu Ostern die Auferstehung Christi wie etwas, was bereits eingetreten ist, aber auch wie etwas, das noch auf uns zukommt. Denn jeder von uns hat die Gabe dieses neuen Lebens und die Fähigkeit, es anzunehmen und darin zu wandeln, empfangen. Es ist eine Gabe, die unsere Haltung gegenüber allem in dieser Welt von Grund auf verändert, einschließlich des Todes. Sie gibt uns die Kraft, freudig zu bekennen: »Der Tod ist nicht mehr!« Gewiß, der Tod ist noch da, immer stehen wir ihm gegenüber und eines Tages wird er uns selbst hinwegraffen. Aber da steht immer noch unser ganzer Glaube, daß Christus durch seinen eigenen Tod die eigentliche Natur des Todes umgestaltet hat, daß er ihn zu einem *Hinübergang* - zu einem Ostern, zu einem »Pascha« - gemacht hat in das Reich Gottes, indem er die größte aller Tragödien in den höchsten Sieg verwandelte. »Den Tod durch den Tod zertretend« hat er uns zu Teilhabern an seiner Auferstehung gemacht. Deshalb sagen wir am Ende der Matutin von Ostern: Christus ist auferstanden! Von nun an herrscht das Leben! Christus ist auferstanden, und kein Toter bleibt in seinem Grabe.

Dies also ist der Glaube der Kirche, wie er durch ihre unzähligen Heiligen bekannt und offenbar gemacht wurde. Doch machen wir indes nicht tagtäglich die Erfahrung, daß dieser Glaube wohl kaum der unsere ist, daß wir immer dieses »neue Leben« verlieren und verra-

[2] Zur Geschichte der Fastenzeit siehe den Abschnitt: Historische Anmerkungen.

ten und daß wir in Wirklichkeit unser Leben so gestalten, als wäre Christus nicht von den Toten auferstanden und als hätte dieses einzigartige Ereignis nicht die geringste Bedeutung für uns? Dies alles wegen unserer Schwäche, wegen unseres Unvermögens, ständig ein Leben in »Glaube, Hoffnung und Liebe« auf der Ebene zu führen, auf die uns Christus gehoben hat, als er sprach: »Suchet zunächst das Reich Gottes und seine Gerechtigkeit«. Wir vergessen es ganz einfach - wir sind ja so beschäftigt und so in unsere Alltagsgeschäftigkeiten eingebunden; und weil wir vergessen, versagen wir. Und durch dieses Vergessen, dieses Versagen und diese Sünde wird unser Leben erneut »alt« nichtssagend, verdunkelt, letztendlich bedeutungslos - es wird zu einer Reise bar jeden Sinnes, zu einem Ziel ohne Bedeutung. Wir unternehmen alles, um selbst den Tod zu vergessen, und dann tritt er doch ganz plötzlich mitten in unser ach so »von Freuden erfülltes Leben«: schrecklich, unentrinnbar, absurd. Wir können wohl von Zeit zu Zeit unsere verschiedenen Sünden erkennen und bekennen, wir unterlassen es aber, unser Leben auf das Neue Leben, das Christus uns geoffenbart und gegeben hat, auszurichten. In der Tat, wir leben so, als ob er niemals gekommen wäre. Darin besteht die einzig wahre Sünde, die Sünde aller Sünden, die nicht auslotbare Trostlosigkeit und die Tragödie unseres nur noch nominellen Christseins.

Wenn wir uns dessen bewußt werden, können wir ermessen, was die Wirklichkeit von Ostern umfaßt und warum sie die Fastenzeit erfordert und voraussetzt. Wir können nun verstehen, daß die liturgischen Traditionen der Kirche, all ihre Festkreise und Dienste vor allem geschaffen wurden, um uns zu helfen, die Schau und den Genuß dieses *neuen Lebens*, das wir so leichtfertig verlieren und verraten, wiederzuerlangen, um so bereuen und zu diesem Leben zurückkehren zu können. Aber wie können wir etwas lieben und erstreben, was wir nicht kennen? Wie läßt sich in unserem Leben etwas über alles stellen, das wir nicht gesehen und nicht gekostet haben? Kurzum, wie könnten wir ein Reich suchen, von dem wir keinerlei Vorstellung haben? Es ist die Liturgie der Kirche, die von Anfang an unseren Eintritt in und unsere Verbindung mit dem *Neuen Leben des Reiches* bewirkte und auch jetzt noch bewirkt. Im Vollzug ihrer Liturgie breitet die Kirche etwas von dem vor uns aus, was »kein Ohr gehört, kein Auge je geschaut und in keines Menschen Herz gedrungen ist, das Gott aber denen bereitet hat, die ihn lieben«. Und im Mittelpunkt dieses liturgischen Lebens, gleichsam als sein Herz und Gipfel, als Sonne, die mit ihren Strahlen alles durchdringt, findet sich Pascha. Es ist das jedes Jahr auf den strahlenden Glanz des Reiches Christi hin geöffnete Tor, der Vor-Geschmack auf die ewige Freude,' die uns erwartet, der ruhmvolle Sieg, der bereits jetzt, obgleich noch unsichtbar, die ganze Schöpfung erfüllt: »Der Tod ist nicht mehr!« Die ganze Liturgie der Kirche ist um Ostern angeordnet und somit wird das liturgische Jahr, d. h. die Folge der Jahresabschnitte und Feste, zu einer Reise, einer Pilgerfahrt auf Ostern hin, auf das Endziel hin, das gleichzeitig der *Ausgangspunkt* ist: das Ende all dessen, was »alt« ist, und der Beginn des neuen Weges, ein stetiger »Übergang« von »dieser Welt« in das bereits in Christus geoffenbarte Reich.

Indes ist das »alte« Leben, das Leben der Sünde und der Unwesentlichkeit, nicht leicht zu besiegen und umzugestalten. Das Evangelium erwartet und fordert von dem Menschen eine Anstrengung, zu der er in seinem augenblicklichen Zustand seinem Wesen nach nicht fähig ist. Wir sehen uns von einer Vorstellung, von einem Ziel, einer Lebensweise herausgefordert, die gänzlich über unseren Möglichkeiten liegt! Selbst die Apostel fragten ihren Meister entmutigt, als sie seine Unterweisung hörten: »Wie ist das möglich?« Es ist in der Tat nicht einfach, eine kleinliche Lebensvorstellung, die sich auf den alltäglichen Sorgen, dem Streben nach materiellen Gütern, nach Sicherheit und Lustbarkeiten gründet, zugunsten einer Lebensvorstellung aufzugeben, deren ausschließliches Ziel die Vollkommenheit ist: »Seid vollkommen, wie euer himmlischer Vater vollkommen ist«. Diese Welt hingegen verkündet in all ihren »Medien«: »Seid glücklich, macht es euch leicht, wählt den bequemen Weg«. Christus sagt jedoch im Evangelium: »Wählt den schmalen Pfad, kämpft und ertragt eure Leiden, denn das ist der Weg zu dem einzig wahren Glück«. Wie können wir ohne die Hilfe der Kirche diese erschreckende Entscheidung treffen, wie können wir bereuen und umkehren zu dem ruhmreichen Versprechen, das uns jedes Jahr zu Ostern gegeben wird? An dieser Stelle tritt die Fastenzeit auf den Plan. Sie ist die Hilfe, die uns die Kirche als Schule der Buße anbietet, die als einzige uns in die Lage versetzt, Ostern anzunehmen nicht als die bloße Erlaubnis zum Essen, Trinken und zum Nachlassen in unseren Bemühungen, sondern wahrlich als das Ende dessen, was in uns »alt« ist, sowie als unseren Eintritt in das »Neue«.

In der Urkirche bestand das Hauptziel der Fastenzeit in der Vorbereitung der Katechumenen, d. h. der neu zum Christentum Übergetretenen, auf die Taufe, die in jener Zeit während der Osterliturgie[3] vollzogen wurde. Indessen, als die Kirche nicht mehr (nur) Erwachsene taufte und die Einrichtung des Katechumenates wegfiel, blieb der grundlegende Sinn der Fastenzeit derselbe. Denn, obgleich wir getauft sind, ist das, was wir ständig verlieren und verraten, genau das, was wir in der Taufe empfangen haben. Deshalb ist Ostern unsere jährliche Rückkehr zu unserer eigenen Taufe, während die Fastenzeit unsere Vorbereitung auf diese Rückkehr ist, das langwährende und ausdauernde Bemühen, um schließlich unseren eigenen »Hinübergang« oder »Pascha« in das Neue Leben in Christus zu vollziehen. Und wenn, wie wir sehen werden, die Liturgie der Fastenzeit noch heute ihren glaubensunterweisenden und auf die Taufe vorbereitenden Charakter hat, so stellt das für uns nicht etwa ein »archäologisches« Überbleibsel aus der Vergangenheit, sondern etwas Gültiges und Wesentliches dar. Denn jedes Jahr lassen uns die Fastenzeit und Ostern einmal mehr das wiederentdecken und wiedergewinnen, zu dem wir durch den in unserer eigenen Taufe vollzogenen Tod und die durch sie bewirkte Auferstehung geworden sind.

Eine Reise, eine Pilgerfahrt! Und wenn wir sie antreten, wenn wir den ersten Schritt in die »glanzausstrahlende Traurigkeit« der Fastenzeit tun, sehen wir - in weiter, weiter Ferne - den Zielpunkt. Es ist die Freude von Ostern, der Eintritt in die Herrlichkeit des Königreiches. Es ist dieses geistige Schauen, dieses Vor-Kosten von Ostern, welches die Traurigkeit der Fastenzeit in helles Licht hüllt und unser Fastenmühen zu einem »geistlichen Frühling« werden läßt. Die Nacht kann finster und lang sein, aber während des gesamten Weges scheint eine nicht erklärbare und strahlende Dämmerung den Horizont zu erhellen. »Enttäusche nicht unsere Erwartung, o Menschenfreund«!

---

[3] *Fastenzeit und Katechumenat* - Bibliographie: *P. de Puniet*, Catéchuménat, *Dict. Arch. Lit. Chrét.* II, 2, col 2579-2621; *J. Daniélou*, The Bible and the Liturgy, Univ. of Notre Dame Press 1956; *L. Bouyer*, Le Carême, initiation pascale, *La Maison Dieu* 31 (1952) Paris.

Kapitel Eins

Die Vorbereitung auf die Fastenzeit

1. Das brennende Verlangen (Sonntag des Zachäus)

Lange vor dem eigentlichen Beginn der Fastenzeit kündigt die Kirche ihr Nahen an und lädt uns ein, in die Periode einer der Fastenzeit vorhergehenden Vorbereitung einzutreten. Es ist ein charakteristischer Zug der Orthodoxen liturgischen Tradition, daß jedes Hochfest oder jeder liturgische Zeitabschnitt - Ostern, Weihnachten, Fastenzeit etc. angekündigt und im voraus »vorbereitet« wird. Warum? Weil die Kirche ein tiefes psychologisches Gespür für die menschliche Natur hat. Da sie unsere mangelnde Konzentrationsfähigkeit und den erschreckenden Hang zur »Weltlichkeit« unseres Lebens kennt, weiß sie um unsere Unfähigkeit zu einem raschen Wandel, zu einem unvermittelten Hinüberwechseln von einem geistlichen oder geistigen Zustand in einen anderen. Deshalb lenkt die Kirche bereits lange vor dem Beginn des der Fastenzeit eigenen Bemühens unsere Aufmerksamkeit auf die ernsthafte Bedeutung dieser Zeit und lädt uns ein, deren Sinn betrachtend zu bedenken. Vor dem *praktischen Vollzug* der Fastenzeit wird uns deren *Bedeutung* gegeben.

Diese Vorbereitung umfaßt fünf aufeinander folgende Sonntage, die der Fastenzeit vorangehen, und von denen jeder - durch sein eigenes Evangelium - einem grundsätzlichen Gesichtspunkt der Reue gewidmet ist.

Der allererste Hinweis auf die Fastenzeit erfolgt an dem Sonntag, an dem das Evangelium über Zachäus (Lk 19,1-10) gelesen wird. Es ist der Bericht über einen Menschen, der zu klein ist, um Jesus sehen zu können, der aber so sehr von dem Wunsch beseelt ist, ihn zu sehen, daß er auf einen Baum steigt. Wegen seines brennenden Verlangens wendet Christus sich ihm zu und kehrt bei ihm ein. So ist das Thema dieser ersten Ankündigung das *brennende Verlangen*. Der Mensch folgt seinem brennenden Verlangen. Man kann sogar sagen, daß der Mensch Verlangen ist, und diese grundlegende psychologische Wahrheit über die menschliche Natur wird durch das Evangelium bestätigt: »Da, wo dein Schatz ist, wird auch dein Herz sein«, sagt Christus. Ein heißes Verlangen überwindet die natürlichen Grenzen des Menschen; wenn er leidenschaftlich etwas wünscht, kann er Leistungen vollbringen, zu denen er »normalerweise« nicht fähig ist. Obwohl »klein« von Gestalt, wächst er über sich hinaus und übertrifft sich selbst. Die einzige Frage ist also, ob es die wahren Güter sind, die wir begehren, und ob die Stärke unseres Verlangens auf das wahre Ziel ausgerichtet ist oder ob, um die Formulierung des atheistischen Existentialisten Jean-Paul Sartre zu gebrauchen, der Mensch eine »unnütze Leidenschaft« ist.

Zachäus wünschte »eine gerechte Sache«, er wollte Christus sehen und näher an ihn herankommen. Es ist das erste Symbol des Sich-Bekehrens, denn das Sich-Bekehren beginnt mit der Wiederentdeckung der tiefgründigen Natur allen Verlangens: das Verlangen nach Gott und seiner Gerechtigkeit, das Verlangen nach dem wahren Leben. Zachäus ist »klein«, - unscheinbar, ein Sünder, ein Mensch mit begrenzten Möglichkeiten – aber trotzdem wächst sein Verlangen über all dies hinaus. Er »erzwingt« die Aufmerksamkeit von Christus, er nimmt Christus mit zu sich nach Hause.

Das ist also die erste Ankündigung, die erste Einladung: wir müssen *begehren*, was das Tiefste und Wahrhaftigste in uns selbst ist, den Durst und den Hunger nach dem Absoluten in uns wieder erkennen, das, ob wir es nun kennen oder nicht, uns mit einer wahrlich »unnützen Leidenschaft« behaftet sein ließe, wenn wir uns von ihm abwenden und unsere Wünsche anderswohin lenken würden. Und wenn unser Verlangen hinreichend tief und stark ist, wird Christus darauf antworten.

2. Die Demut (Sonntag des Zöllners und Pharisäers)

Der folgende Sonntag wird »Sonntag des Zöllners und Pharisäers« genannt. Bei der Vigil dieses Tages, am Samstagabend zur Vesper, findet zum ersten Mal das liturgische Buch der Periode der Fastenzeit, das Triodion[4], Anwendung. Texte aus diesem Buch werden den Hymnen und üblichen Gebeten des an der Auferstehung orientierten Dienstes der Woche hinzugefügt. Diese Texte entwickeln den zweiten Gesichtspunkt des Bereuens: die *Demut.*

Das Gleichnis des Evangeliums (Lk 18,10-14) entwirft das Bild eines Menschen, der stets mit sich zufrieden ist und der meint, allen seinen religiösen Pflichten in der rechten Weise nachgekommen zu sein. Er ist selbstsicher und stolz auf seine Person. Tatsächlich jedoch hat er den Sinn der Religion verfälscht. Er verengt ihn auf äußere Praktiken und bemißt seine Frömmigkeit nach der Geldsumme, die er an den Tempel abführt. Was den Zöllner anbetrifft, dieser erniedrigt sich selbst, und diese Selbsterniedrigung rechtfertigt ihn vor Gott. Und wenn es eine moralische Eigenschaft gibt, von der man nahezu kein Aufhebens mehr macht und die in unseren Tagen sogar abgelehnt wird, dann ist es die Demut.

Die Kultur, in der wir leben, nährt in uns ständig ein Gefühl des Hochmutes, der Selbst-Verherrlichung und der Selbst-Gerechtigkeit. Dies beruht auf der Annahme, daß der Mensch aus sich heraus alles verwirklichen kann; und sie geht sogar soweit, Gott als denjenigen hinzustellen, der dem Menschen seine Tätigkeiten und guten Taten immer »als Verdienste anrechnet«. Die Demut - sei sie die eines Einzelnen oder einer Gemeinschaft, einer Volksgruppe oder einer Nation - wird als ein Zeichen der Schwäche angesehen, als etwas, das sich für einen Menschen, der auf sich hält, nicht schickt. Sind nicht sogar unsere Kirchen selbst von diesem pharisäischen Geist durchdrungen? Wünschen wir etwa nicht, daß alle unsere materiellen Zuwendungen, jede »gute Tat«, alles, was wir »für die Kirche tun«, bekannt, gelobt und mitgeteilt wird?

Aber was ist die Demut? Die Antwort auf diese Frage kann widersinnig erscheinen, weil sie sich auf eine überraschende Aussage stützt: »*Gott selbst ist demütig*«. Und dennoch ist für denjenigen, der Gott kennt und ihn in seiner Schöpfung und seinen Heilstaten betrachtend sucht, offenkundig, daß die Demut in Wahrheit eine göttliche Eigenschaft ist, daß sie der Inhalt selbst und das Ausstrahlungsvermögen jenes Ruhmes ist, der Himmel und Erde erfüllt, wie wir in der Göttlichen Liturgie singen. In unserer menschlichen Denkweise neigen wir dazu, »Ruhm« und »Demut« als Gegensätze zu sehen, wobei letzte-

---

[4] Zum Triodion vgl. *I. Karabinov*, Postnaia Triod (Fasten-Triodion), St. Petersburg 1910. Für weitergehende Studien s. *K Krumbacher*, Geschichte der Byzantinischen Literatur, V. II, München 1897.

re für uns das sichere Zeichen für einen Makel oder eine Unzulänglichkeit ist. In unseren Augen sind es unsere Unwissenheit und unser Unvermögen, die uns demütig machen oder machen sollten. Es ist fast unmöglich, einem modernen Menschen, der von Werbung für sich, Selbst-Bestätigungen und dauerndem Selbst-Lob lebt, zu vermitteln, daß alles, was wirklich vollkommen, schön und gut ist, gleichzeitig von Natur aus demütig ist. Denn gerade wegen seiner Vollkommenheit hat es keine »Werbung«, äußeren Ruhm noch irgendeine »Zur-Schau-Stellung« nötig. Gott ist demütig, *weil* er vollkommen ist; seine Demut *ist* sein Ruhm und die Quelle einer jeden wahren Schönheit, Vollkommenheit und eines jeden Gut-Seins; und wer auch immer sich Gott nähert, und ihn *erkennt*, hat unmittelbar teil an seiner Göttlichen Demut und wird angetan mit seiner Schönheit. Dies trifft für Maria zu, der Mutter Christi: ihre Demut hat sie zur Freude der ganzen Schöpfung und zur reinsten Offenbarung der Schönheit auf Erden werden lassen; dies trifft zu für alle Heiligen und für jeden Menschen in den seltenen Augenblicken seiner Kontakte mit Gott.

Und wie wird man demütig? Für einen Christen ist die Antwort einfach: Durch eine Betrachtung Christi, der fleischgewordenen göttlichen Demut, des Einen, in dem Gott ein für allemal seine Herrlichkeit als Demut und seine Demut als Herrlichkeit geoffenbart hat. »Heute«, sagte Christus am Abend seiner tiefsten Selbst-Erniedrigung, »ist der Menschensohn verherrlicht worden, und Gott wurde verherrlicht in ihm«. Demut wird erfahrbar in der Betrachtung Christi, der gesprochen hat: »Lernt von mir, der ich sanftmütig und demütig von Herzen bin.« Schließlich wird man demütig dadurch, daß alles im Hinblick auf ihn gewertet und auf ihn ausgerichtet wird. Denn ohne Christus ist wahre Demut unmöglich. Das zeigt auch der Pharisäer, für den selbst noch die Religion zum Stolz auf menschliche Leistungen wird, einer weiteren Form pharisäischer Selbst-Verherrlichung.

Die Zeit des Fastens beginnt also mit einem Suchen, einem Gebet um Demut, die der Beginn der wahren Bekehrung ist. Denn das Sich-Bekehren ist vor allem eine *Rückkehr zur wahren Ordnung der Dinge*, die Wiederherstellung einer rechten Schau. Es wurzelt in der Demut, und sie - die göttliche und schöne Demut - ist ihre Frucht und ihr Ziel. »Laßt uns fliehen das leere Gerede des Pharisäers«, fordert uns das Kontakion dieses Tages auf, und *»lernen die erhabene Größe der demütigen Worte des Zöllners ...«*. Wir befinden uns an der Schwelle zur Umkehr und im feierlichsten Augenblick der Vigil des Sonntags; nach der Ankündigung der Auferstehung und dem Erscheinen Christi - im »Wir haben die Auferstehung geschaut ...« - singen wir zum ersten Mal die Troparien, die uns die ganze Fastenzeit über begleiten werden:

Öffne mir die Pforten der Reue,
Du, Der Du das Leben schenkst;
schon früh am Morgen strebt mein Geist,
der den von der Sünde ganz beschmutzten
Tempel meines Körpers trägt,
Deinem heiligen Tempel zu!
In Deiner unendlichen Güte mache mich rein
durch Dein huldvolles Erbarmen.

Führe mich auf die Pfade des Heils,
o Mutter Gottes!
Denn durch schändliche Sünden habe ich meine Seele befleckt
und mein Leben in Nachlässigkeit vergeudet.

Durch Deine Fürsprache
rette mich von aller Unreinheit.

Wenn ich, tief betrübt,
der Menge meiner bösen Taten gedenke,
erschrickt mich zutiefst
der Gedanke an den furchtbaren Tag des Gerichtes.
Doch im Vertrauen auf Deine erbarmende Güte,
rufe ich zu Dir wie David:
»Erbarme Dich meiner, o Gott,
nach Deinem großen Erbarmen!«

3. Rückkehr aus dem Exil (Sonntag vom Verlorenen Sohn)

Am dritten Sonntag der Vorbereitung auf die Fastenzeit hören wir das Gleichnis vom verlorenen Sohn (Lk 15,11-32). Zusammen mit den Hymnen dieses Tages erschließt uns dieses Gleichnis die Zeit der Reue als die Rückkehr des Menschen aus dem Exil. Der verlorene Sohn, so hören wir, bricht auf in ein fernes Land und verschwendet dort alles, was er besitzt. Ein fernes Land! Das ist die einzig zutreffende Bezeichnung für unsere Bedingtheit als Mensch, die wir annehmen und zu der unseren machen müssen, wenn wir unseren Weg zu Gott hin beginnen. Ein Mensch, der niemals diese Erfahrung gemacht hat, und sei es auch nur für kurze Zeit, daß er in der Gottesferne lebt und von dem wahren Leben abgeschnitten ist, wird niemals verstehen, was es mit dem Christentum auf sich hat. Und jemand, der vollständig in dieser Welt und in dem Leben dieser Welt »zuhause« ist, der nie von dem sehnsuchtsvollen Wunsch nach einer anderen Wirklichkeit schmerzlich getroffen wurde, der wird nie verstehen, was bereuende Umkehr ist.

Oft wird die bereuende Umkehr einfach mit einer nüchternen und »sachlichen« Aufzählung von Sünden und Übertretungen, einem »Schuldbekenntnis« bei einer gerichtlichen Anklage, gleichgesetzt. Geständnis und Absolution werden als juristische Akte betrachtet. Man übersieht jedoch etwas sehr Wesentliches, ohne das weder das Schuldbekenntnis noch die Absolution eine wirkliche Bedeutung oder Wirksamkeit erlangen können. Dieses »Etwas« ist ganz genau das *Empfinden des Verbanntseins von Gott*, weit verbannt von der Freude der Gemeinschaft mit ihm und fern dem wahren Leben zu sein, das durch Gott geschaffen und geschenkt wird. Es ist in der Tat leicht zu bekennen, daß ich an den vorgeschriebenen Tagen nicht gefastet habe, daß ich meine Gebete vergessen habe oder jähzornig gewesen bin. Eine ganz andere Sache ist es jedoch, wenn ich mir unvermittelt eingestehen muß, daß ich Schande auf mich geladen und meine geistliche Schönheit verloren habe, daß ich mich sehr weit von meinem eigentlichen Zuhause, von meinem wahren Leben entfernt habe, und daß ich in dem innersten Gewebe meiner Existenz etwas Kostbares, Schönes und Reines in nicht wiedergutzumachender Weise zerstört habe. Indessen bedeutet dies, und nur dies, die bereuende Umkehr, und deshalb entsteht auch ein tiefgreifendes Verlangen, *umzukehren*, zurückzugehen und jenes verlorene »Heim« wiederzufinden.

Von Gott habe ich wunderbare Reichtümer erhalten: zunächst das Leben und die Möglichkeit, mich dessen zu erfreuen, ihm einen Sinn geben zu können, es mit Liebe und Erkenntnis ausfüllen zu können; dann - in der Taufe - das neue Leben in Christus selbst, die Gabe des Heiligen Geistes, den Frieden und die Freude auf das ewige Königreich. Ich habe die Erkenntnis Gottes erhalten, und in ihm die Erkenntnismöglichkeit einer jeden Sache, und die Kraft, Kind Gottes zu sein. Und dies alles habe ich verloren; dies alles verliere ich ständig, nicht nur in den besonderen »Sünden« und »Übertretungen«, sondern durch die Sünde aller Sünden, indem ich meine Liebe von Gott abwende und das »ferne Land« der Schönheit des Hauses des Vaters vorziehe.

Aber die Kirche ist da, um mich daran zu erinnern, was ich aufgegeben und verloren habe. Und während sie mir dies ins Gedächtnis zurückruft, *erinnere ich mich*; so wie es das Kontakion dieses Tages ausdrückt: »Fern von der Herrlichkeit des Vaters bin ich in meiner Torheit Fesseln umhergeirrt und habe mit den Sündern die Reichtümer, die du mir anvertraut hattest, verschwendet. So rufe ich mit dem verlorenen Sohn zu dir: Barmherziger Vater, ich habe gegen dich gesündigt. Nimm mich reuigen Sünder wieder auf und nimm mich an wie einen deiner Tagelöhner ...!« Und während *ich mich erinnere*, spüre ich in mir das Verlangen und die Kraft zurückzukehren: »... Ich werde mich aufmachen und zu meinem mitfühlenden Vater zurückkehren und werde zu ihm unter Tränen sagen: Nimm mich auf wie einen deiner Diener ...!«

Hier muß man auf eine liturgische Besonderheit dieses Sonntags des Verlorenen Sohnes hinweisen. Während des Orthros des Sonntags, wird nach dem feierlichen und freudigen Gesang des Polyeleos-Psalmes der traurige und sehnsuchtsvolle Psalm 136/7 gesungen:

An den Flüssen von Babylon saßen wir und weinten,
Sions gedenkend ...
Wie könnten wir dem Herrn ein Lied singen
in einem fremden Land?
Sollte ich dich, o Jerusalem, vergessen,
soll meine Rechte verdorren!
Meine Zunge klebe an meinem Gaumen,
wenn ich deiner vergesse, wenn ich nicht
Jerusalem über alle meine Freuden stelle ...

Das ist der Psalm des Exils. Die Juden sangen ihn während der babylonischen Gefangenschaft, im Andenken an ihre heilige Stadt Jerusalem. Er wurde seit jeher das Lied desjenigen, der sich seines Verbanntseins in der Gottesferne bewußt und hierdurch zu einem neuen Menschen wurde: zu jemandem, den nichts von dieser gefallenen Welt zufriedenstellen kann, da er seiner Natur und Berufung nach ein Pilger des Allerhöchsten ist. Dieser Psalm wird noch zweimal, an den beiden letzten Sonntagen vor der Fastenzeit gesungen. Und somit offenbart sich die Fastenzeit als Pilgerfahrt und Bereuen, als *Umkehr*.

4. Das Letzte Gericht (Sonntag des Fleischverzichtes)

Der folgende Sonntag wird »Sonntag des Fleischverzichtes« genannt, weil in der darauffolgenden Woche von der Kirche ein begrenztes Fasten, nämlich der Fleischverzicht vorgeschrieben wird. Diese Vorschrift muß im Lichte dessen verstanden werden, was weiter oben über den Sinn der Vorbereitung auf die Fastenzeit gesagt wurde. Die Kirche beginnt nun, uns auf die große Anstrengung, die sie von uns sieben Tage später erwarten wird, »einzustellen«. Schrittweise führt sie uns in diese Anstrengung ein - in Kenntnis unserer Anfälligkeit und unsere spirituelle Schwäche voraussehend.

Am Vorabend dieses Tages (dem Samstag des Fleischverzichtes) lädt uns die Kirche ein zu einem allgemeinen Gedenken »all jener, die in der Hoffnung auf die Auferstehung und das ewige Leben entschlafen sind«. Es ist der große Tag des Gebetes der Kirche für ihre verstorbenen Mitglieder. Um den Sinn dieser Beziehung zwischen der Fastenzeit und dem Gebet für die Verstorbenen zu verstehen, muß man sich daran erinnern, daß das Christentum die Religion der *Liebe* ist. Christus hat seinen Jüngern nicht eine Lehre des individuellen Heils, sondern ein neues Gebot hinterlassen: »Liebet einander«, und er hat hinzugefügt: »Daran werden alle erkennen, daß ihr meine Jünger seid: Wenn ihr einander liebt«. Die Liebe ist somit das Fundament, das Leben selbst der Kirche, die nach den Worten des heiligen Ignatios von Antiochien, »die Einheit von Glauben und Liebe« ist.

Die Sünde ist also immer Abwesenheit von Liebe, und von daher Trennung, Isolierung, Krieg aller gegen alle. Das neue, durch Christus geschenkte Leben, das uns die Kirche weiterreicht, ist vor allem ein Leben der Versöhnung, des »Zusammenführens in die Einheit jener, die verstreut waren«; es ist die Wiederherstellung der durch die Sünde zerstörten Liebe. Aber wie können wir dann nur mit der Rückkehr zu Gott und mit unserer Versöhnung mit ihm beginnen, wenn wir schon nicht einmal in uns selbst zur Einheit und dem neuen Gebot der Liebe gefunden haben? Das Gebet für die Entschlafenen ist der wesentliche Ausdruck der Kirche für diese *Liebe*. Wir bitten Gott, all derer zu gedenken, derer wir gedenken; und wir erinnern uns ihrer, weil wir sie lieben. Indem wir für sie beten, treffen wir sie in Christus wieder, der die Liebe ist und der, eben weil er die Liebe ist, über den Tod triumphiert hat, wodurch er den endgültigen Sieg über Trennung und Lieblosigkeit errungen hat.

In Christus gibt es weder Lebende noch Verstorbene, weil alle in ihm leben. Er ist das Leben und dieses Leben ist das Licht des Menschen. Indem wir Christus lieben, lieben wir alle, die in ihm sind; und indem wir alle lieben, die in ihm sind, lieben wir Christus: Dies ist das Gesetz der Kirche und ihr offensichtlicher Grund, für die Verstorbenen zu beten. Es ist wahrhaftig unsere Liebe zu Christus, die sie am Leben erhält, weil diese Liebe sie »in Christus« bewahrt. Und wie falsch, wie hoffnungslos falsch ist die Vorstellung derjenigen westlichen Christen, die das Gebet für die Entschlafenen auf eine juristische Lehre der »Verdienste« und »Verrechnungen« reduzieren oder es einfach als unnütz zurückweisen. Die große Vigil für die Verstorbenen am Samstag des Fleischverzichtes dient allen anderen Totengedenken am *zweiten*, *dritten* und *vierten* Samstag der Fastenzeit als Modell.

Bleibt noch die *Liebe*, die das Thema des *Sonntages des Fleischverzichtes* bildet. Das Evangelium des Tages ist das Gleichnis vom Letzten Gericht (Mt 25,31-46). Wenn Christus kommen wird, uns zu richten, was wird das Beurteilungskriterium bei seinem Gericht sein? Das Gleichnis sagt: die *Liebe*, - nicht die rein menschliche Sorge um eine abstrakte Gerechtigkeit oder um einen anonymen »Armen«, sondern die konkrete und persönliche Liebe zu einer menschlichen Person, zu jeder menschlichen Person, der mich Gott in meinem Leben begegnen läßt. Diese Unterscheidung ist wichtig, weil heutzutage immer mehr Christen dazu neigen, christliche Liebe mit politischen, ökonomischen und sozialen Belangen gleichzusetzen. Mit anderen Worten: Sie wenden sich von einer einzelnen *Person* mit ihrem einzig-persönlichen Schicksal ab und anonymen Einheiten wie »Klasse«, »Rasse« usw. zu. Nicht, daß diese Belange falsch wären. Es ist jedoch offensichtlich, daß die Christen in ihrem jeweiligen Umfeld, in ihrer Verantwortlichkeit als Staatsbürger und Berufstätige usw. aufgerufen sind, für die Schaffung einer gerechten, angemessenen und menschlicheren Gesellschaft Sorge zu tragen, und das unter Einsatz all ihrer Möglichkeiten und geistigen Fähigkeiten. All dies hat sicherlich seine Wurzeln im Christentum und ist durch die christliche Liebe inspiriert. Aber christliche Liebe als solche ist etwas anderes. Dieser Unterschied muß wohl verstanden und deutlich herausgearbeitet werden, wenn die Kirche ihrem einzigartigen Auftrag treu bleiben und nicht zu einer reinen »Sozialeinrichtung« werden will, was sie ganz und gar nicht ist.

Die christliche Liebe ist die »unmögliche Möglichkeit«, in einem Menschen, wer er auch sei, Christus zu sehen. Diesen Menschen, den Gott in Seinem unerforschlichen und ewigen Plan in mein Leben, und sei es auch nur für wenige Augenblicke, geführt hat, hat Er nicht zu mir geführt, um mir Gelegenheit zu einer »guten Tat« oder zu einem Akt der Menschenfreundlichkeit zu geben, sondern um in ihm selbst als Gott eine auf Ewigkeit angelegte Freundschaft zu begründen. Denn was ist die Liebe, wenn nicht jene geheimnisvolle, das Zufällige und Äußere des »Anderen« - sein persönliches Erscheinungsbild, seinen sozialen Rang, seinen ethnischen Ursprung, seine intellektuellen Fähigkeiten - übersteigende Kraft, um zu seiner *Seele* vorzustoßen, als seiner einzigartigen und einzigpersonalen »Wurzel« seines menschlichen Seins, seiner wahrlich göttlichen Seite in ihm? Wenn Gott jeden Menschen liebt, so deshalb, weil Er allein diesen jeden Wert übersteigenden und absolut einzigartigen Schatz, »die Seele« oder »das Person-Sein«, das er jedem Menschen geschenkt hat, kennt. Die christliche Liebe ist somit die Teilhabe an dieser göttlichen Kenntnis und die Gabe jener göttlichen Liebe. Es gibt keine »unpersönliche« Liebe, weil die Liebe die wunderbare Entdeckung der »Person« im »Menschen« *ist*, des Personalen und Einzigartigen im Gemeinsamen und Allgemeinen. Es ist die Entdeckung dessen, was in jedem Menschen »liebenswert« ist, was in ihm aus Gott kommt.

Aus diesem Blickwinkel ist die christliche Liebe zuweilen das Gegenteil von »Sozialaktivismus«, mit dem heute das Christentum oft gleichgesetzt wird. Für einen »Sozialaktivisten« ist der Gegenstand der Liebe nicht die »Person«, sondern der *Mensch*, die abstrakte Einheit einer nicht weniger abstrakten »Menschheit«. Für das Christentum aber ist der Mensch »der Liebe wert«, weil er *Person* ist. Dort wird die Person auf den Menschen reduziert, hier wird der Mensch nur als Person gesehen. Der »Sozialaktivist« hat keinerlei Interesse an dem Persönlichen; er opfert es leichtfertig dem »Gemeinwohl«. Das Christentum mag im Hinblick auf diesen abstrakten »Menschheitsbegriff« eher skeptisch erscheinen - und in gewisser Weise trifft das auch zu; aber es würde jedesmal eine Todsünde gegen sich selbst begehen, wenn es seine Sorge um und seine Liebe zu der Person aufgeben würde. Sozialaktivismus ist stets in seiner Zielsetzung auf »Zukünftiges« ausgerichtet. Er betätigt sich immer im Namen einer erst in Zukunft zu erreichenden Gerechtigkeit, Ordnung und Glückseligkeit. Das Christentum sorgt sich wenig um die mit ihren eigenen Problemen behaftete Zukunft; es legt vielmehr sein ganzes Augenmerk auf das *Jetzt* - als dem für die Liebe einzig entscheidenden Zeitpunkt. Die beiden Haltungen schließen sich nicht gegenseitig aus, aber sie dürfen auch nicht miteinander verwechselt werden. Die Christen tragen sicherlich Verantwortung für »diese Welt« und sie müssen sich dieser Verantwortung stellen. Und der Bereich der gesellschaftsbezogenen Betätigung gehört ganz und gar zu »dieser Welt«. Die christliche Liebe jedoch weist über »diese Welt« hinaus. Sie stellt einen Lichtstrahl, eine Manifestierung des Königreiches Gottes dar, sie überschreitet und überwindet alle Grenzen, alle »Bedingtheiten« dieser Welt, weil ihre Beweggründe wie ihre Ziele und ihre Erfüllung in Gott liegen. Wissen wir doch, daß sogar in dieser Welt, die »in das Übel getaucht ist«, nur jene Siege von Dauer sind und eine Verwandlung herbeiführen, die in der Liebe gründen. Der wahre Auftrag der Kirche besteht nun darin, den Menschen an diese *personale* Liebe und an die Berufung zu erinnern, die sündhafte Welt mit dieser Liebe zu erfüllen.

Das Gleichnis vom Letzten Gericht handelt von der christlichen Liebe. Wir sind nicht alle aufgerufen, für die »Menschheit« zu arbeiten, und trotzdem hat jeder von uns die Gabe und die Gnade der Liebe Christi empfangen. Wir wissen, daß alle Menschen auf das Äußerste dieser *personalen Liebe* bedürfen - dem Erkennen ihrer einzigartigen Seele in ihnen, in der sich die Schönheit der ganzen Schöpfung in einzigartiger Weise widerspiegelt. Wir wissen auch, daß Menschen ins Gefängnis kommen, krank werden, dürsten und hungern, wenn ihnen diese personale Liebe verweigert worden ist. Und schließlich wissen wir, daß jedem von uns, so eng und begrenzt der Rahmen unserer Existenz auch sein mag, Verantwortung für einen kleinen Teil des Reiches Gottes übertragen wurde, übertragen durch eben diese Gabe der Liebe Christi. Somit werden wir danach gerichtet werden, ob wir diese Verantwortung angenommen haben oder nicht, ob wir Liebe geschenkt haben oder verweigert haben. Denn »... alles, was ihr dem Geringsten meiner Brüder getan habt, habt ihr es mir getan ...«.

5. Die Vergebung (Sonntag der Tyrophagie)

Wir haben nunmehr die allerletzten Tage vor der Fastenzeit erreicht. Schon während der Woche des Fleischverzichtes, die dem »*Sonntag der Vergebung*« vorhergeht, sind der Mittwoch und der Freitag herausgehoben, gleichsam als zwei Tage, die schon ganz und gar zur Fastenzeit gehören: die Göttliche Liturgie wird nicht gefeiert und die liturgischen Dienste folgen ganz der Ordnung der Fastenzeit und tragen deren charakteristische Merkmale. Zur Vesper am Mittwoch begrüßen wir die Fastenzeit mit diesem herrlichen Hymnus:

»Der Frühling des Fastens ist angebrochen,
das Licht des Bereuens!
Brüder, reinigen wir uns von allem Bösen,
und laßt uns Ihm, dem Geber des Lichtes zurufen:
Ehre Dir, Du Menschen-Liebender!«

Sodann am Sonntag der Tyrophagie gedenkt die Kirche »aller Männer und Frauen, die durch ihr Fasten erleuchtet« worden sind: der Heiligen, denen wir als unsere Vorbilder folgen müssen und die unsere Führer in der schwierigen Kunst des Fastens und des Bereuens sind. In dem Bemühen, das wir auf uns nehmen wollen, werden wir nicht allein gelassen:

»Besingen wir die Versammlung der seligen Väter,
Antonios den Großen, Euthymios den Großen,
und alle, die mit ihnen zusammen waren.
Durchlaufen wir ihr Leben
gleichsam wie durch ein Paradies der Wonnen ...«

In ihnen finden wir Helfer und Beispiele:

» Wir ehren euch als Vorbilder, o heilige Väter!
Ihr habt uns wahrhaftig gelehrt,
auf dem rechten Wege zu schreiten;

Ihr seid gesegnet,
weil ihr für Christus gewirkt habt.«

Endlich kommt der letzte Tag der Woche, üblicherweise »*Sonntag des Verzeihens*« genannt. Wir müssen uns aber auch seines anderen liturgischen Namens erinnern, nämlich: »*Vertreibung Adams aus dem Paradies der Wonnen*«. Diese Bezeichnung faßt in der Tat die gesamte Vorbereitung auf die Fastenzeit zusammen. Wir wissen jetzt, daß der Mensch für das Paradies geschaffen worden ist, um Gott zu erkennen und mit ihm in Verbindung zu sein. Sein Sündenfall hat ihn dieses glückseligen Lebens beraubt; seine Existenz auf dieser Erde ist ein Exil. Christus, der Retter der Welt, öffnet die Pforten des Paradieses jedem, der ihm folgt, und die Kirche macht aus unserem Leben, indem sie uns die Schönheit des Königreiches vor Augen stellt, eine Pilgerfahrt zu unserer himmlischen Heimat. Somit gleichen wir zu Beginn der Fastenzeit Adam:

Adam wurde aus dem Paradies vertrieben,
weil er von einer Frucht gekostet hat,
deshalb saß er weinend davor
und rief aus: »Wehe mir ...!
Nur ein einzig Gebot des Gebieters hab' ich verletzt
und all' meiner Güter bin ich beraubt.
O heiliges Paradies, du wurdest meinetwegen gepflanzt,
und bist nun mir verschlossen wegen Eva.
Bitte inständig deinen Schöpfer, der auch mich erschaffen hat,
daß ich von Neuem
mit deiner Pracht beschenkt werden möge.«
Deshalb sprach zu ihm der Erlöser:
»Ich will nicht meiner Schöpfung Verderben.
Ich will vielmehr ihre Rettung
und daß sie zur Erkenntnis der Wahrheit gelangt.
Nicht werde ich zurückweisen, wer zu mir kommt«.

Die Fastenzeit ist unsere Befreiung von der Sklaverei der Sünde, dem Gefängnis »dieser Welt«. Und das Evangelium dieses letzten Sonntags (Mt 6,14-21) nennt die Bedingungen für diese Befreiung. Die erste ist das *Fasten.* Das bedeutet die Weigerung, die Begierlichkeiten und Triebe unserer gefallenen Natur als gegeben anzunehmen; und es bedeutet das Bemühen, uns von der Tyrannei des Fleisches und der Materie über den Geist zu befreien. Um jedoch erfolgreich zu sein, darf unser Fasten weder heuchlerisch noch »prahlerisch« sein. Unser Fasten soll »nicht den Menschen, sondern unserem Vater, der im Verborgenen ist, erkennbar sein«.

Die zweite Bedingung ist das *Verzeihen.* »Wenn ihr den Menschen ihre Vergehen verzeiht, wird euer himmlischer Vater auch euch verzeihen.« Der Sieg der Sünde, das eindeutigste Kennzeichen ihrer Besitzergreifung von der Welt sind Uneinigkeit, Gegnerschaft, Trennung und Haß. Deshalb stellt die erste Bresche in dieser Festung der Sünde das Verzeihen dar: die Rückkehr zur Einheit, zur Solidarität, zur Liebe. Verzeihen bedeutet, zwischen mir und meinem »Feind« das strahlende Verzeihen Gottes selbst zu setzen. Verzeihen bedeutet, den in Hoffnungslosigkeit mündenden »Sackgassen« der zwischenmenschlichen Beziehungen zu entkommen und diese auf Christus hinzulenken. Das Verzeihen ist wahrlich ein »Einbrechen« des Königreiches in diese sündhafte und gefallene Welt.

Die Fastenzeit beginnt tatsächlich mit der Vesper dieses Sonntags. Dieser einzigartige, so tiefgründige und so herrliche Dienst ist aus so vielen unserer Kirchen verschwunden! Und dabei enthüllt nichts besser den eigentlichen Sinn der Großen Fastenzeit der Orthodoxen Kirche; nirgends sonst tut sich besser der tiefgehende Anruf an den Menschen kund.

Der Dienst beginnt wie die Großen Vespern. Der Geistliche hat die weißen Gewänder angelegt. Die Hymnen (Stichiren), die dem Psalm »Herr, ich rufe zu Dir ...« folgen, künden das Kommen der Fastenzeit an und weisen, über diese hinweg, auf das Nahen von Ostern hin.

»Die Zeit des Fastens laßt freudig uns beginnen
und dem geistigen Kampfe wollen wir uns stellen.
Unsere Seelen wollen wir reinigen,
und unser Fleisch wollen wir läutern.
So wie wir uns mit ganzer Hingabe der Nahrung enthalten,
wollen wir uns auch der Leidenschaften enthalten,
und uns der Tugenden des Geistes erfreuen.
Und wenn wir sie in Ausdauer und Liebe üben,
mögen wir zur Schau des verehrungswürdigen Leidens Christi und,
in der geistigen Freude, des heiligen Pascha gelangen können.«

Es folgt wie gewöhnlich der Einzug mit dem Abendhymnus: »Heiteres Licht heiliger Herrlichkeit des unsterblichen Vaters ...« Der Zelebrant begibt sich sodann an den »erhöhten Ort« hinter dem Altar, um das *Abendprokimenon* zu verkünden, das stets das Ende eines Tages und den Beginn des nächsten ankündigt. Das *Große Prokimenon* dieses Tages kündet den Beginn der Fastenzeit an:

»Wende nicht ab dein Antlitz von deinem Diener,
denn ich bin betrübt!
Erhöre mich, ohne zu zögern,
rette meine Seele und befreie sie.«

Wenn man die einmalige Melodie dieses Verses hört, diesen Aufschrei, der plötzlich die ganze Kirche erfüllt: »... denn ich bin betrübt!«, dann versteht man diesen Ausgangspunkt der Fastenzeit, bei dem sich in geheimnisvoller Weise Verzweiflung und Hoffnung, Finsternis und Licht einander durchdringen. Die ganze Vorbereitung hat nunmehr ihren Zielpunkt erreicht. Ich stehe vor Gott, vor der Herrlichkeit und Schönheit seines Reiches. Ich erkenne, daß ich diesem angehöre, daß ich keine andere Wohnung, keine andere Freude, kein anderes Ziel habe; ich erkenne aber auch, daß ich aus diesem vertrieben, in die Finsternisse und die Traurigkeit der Sünde verstoßen worden bin, »... denn ich bin betrübt!« Und schließlich wird mir klar, daß einzig Gott mir in meiner Betrübnis helfen kann, daß einzig er »sich um meine Seele sorgen« kann. Die Reue ist darüber hinaus ein verzweifelter Hilferuf um göttlichen Beistand.

Wir wiederholen dieses *Prokimenon* fünf Mal. Dann beginnt die Fastenzeit. Die hellfarbenen Gewänder werden abgelegt, die Lichter ausgelöscht. Wenn der Priester die Bitten der Abendektenie anstimmt, antwortet der Chor in der für die Fastenzeit vorgesehenen Weise. Man spricht erstmals das von Kniefällen begleitete Gebet zur Fastenzeit des hl. Ephräm. Am Ende des Dienstes treten alle Gläubigen vor den Priester hin, verneigen sich voreinander und bitten sich gegenseitig um Verzeihung. Und während man diesen Ritus der Versöhnung vollzieht und die Fastenzeit durch diese Bewegung der Liebe, der Verbundenheit und der Brüderlichkeit beginnt, singt der Chor die Ostergesänge. Wir werden vierzig Tage lang durch die Wüste der Fastenzeit umherirren müssen. Aber an ihrem Ende strahlt indes bereits das Licht von Ostern, das Licht des Königreiches auf.

Kapitel Zwei

Die Gottesdienste der Fastenzeit

1. Die glanzausstrahlende Traurigkeit

Für eine Vielzahl orthodoxer Christen, vielleicht für die meisten von ihnen, besteht das Fasten aus einer gewissen Anzahl von Regeln und formellen, zumeist negativen, Vorschriften: Verzicht auf bestimmte Nahrungsmittel, Verbot von Tanzvergnügungen, vielleicht sogar ein Untersagen von Kinobesuchen. So weit haben wir uns von dem wahren Geist der Kirche entfernt, daß es uns nahezu unmöglich ist zu verstehen, daß es sich bei der Fastenzeit um etwas gänzlich anderes handelt - um etwas, ohne das alle diese Vorschriften einen großen Teil ihres Sinnes verlieren würden. Das beste, das man über dieses »gänzlich andere« sagen könnte, ist, daß es als eine »Atmosphäre«, als ein »Klima« beschrieben werden kann, in welches wir eintreten; es handelt sich vor allem um einen Zustand des Sinnes, der Seele und des Geistes, der sieben Wochen lang unser ganzes Leben prägt. Betonen wir hier nochmals, daß das Ziel der Fastenzeit nicht darin besteht, daß wir uns einige formale Verpflichtungen auferlegen, sondern daß wir unser Herz erweichen lassen, damit es sich den Wahrheiten des Geistes zu öffnen vermag, um den geheimen »Durst und Hunger« nach einer Vereinigung mit Gott zu kosten.

Diese »Fasten-Atmosphäre«, dieser einzigartige Zustand des Sinnes wird hauptsächlich durch das liturgische Gebet, durch die verschiedenen Ausdrucksformen des liturgischen Lebens dieser Zeit[5] zustande gebracht. Für sich genommen, mögen diese Ausdrucksformen wie unverständliche »Rubriken«, wie rein formale Vorschriften, an die man aus formellen Gründen festhalten muß, erscheinen. Jedoch als Ganzes betrachtet, offenbaren und vermitteln sie den Geist der Fastenzeit, lassen sie uns diese **glanzausstrahlende Traurigkeit** sehen, fühlen und erfahren, welche die wahre Botschaft und Gabe der Fastenzeit darstellt. Man kann ohne Übertreibung sagen, daß die Geistlichen Väter und die heiligen Schriftsteller, welche die Hymnen des Fasten-Triodion geschaffen haben, welche den allgemeinen Aufbau der Dienste der Fastenzeit ausgearbeitet und welche der Liturgie der Vorgeweihten Gaben die ihr eigene bemerkenswerte Schönheit verliehen haben, über ein einzigartiges Verständnis der menschlichen Seele verfügten. Sie kannten wahrlich die Kunst des Bereuens und sie eröffnen jedes Jahr während der Fastenzeit all jenen den Zugang zu dieser Kunst, die Ohren haben zu hören und Augen zu sehen.

Der allgemeine Eindruck dieser Dienste ist, wie gesagt, der einer »glanzausstrahlenden Traurigkeit«. Selbst jemand, der nur in unvollkommener Kenntnis des liturgi-

[5] Für eine detaillierte Beschreibung dieser verschiedenen Ausdrucksformen siehe *C. Nikolsky*, Posobie K Izuchenui Ustava Bogoslushenia (Handbuch der Kirchenordnung), St. Petersburg [7]1907 und *S. V. Bulgakov*, Nastolnaia kniga dlia Sviashenno - Tzerkovnych Siushiteley (Handbuch für Kleriker), Charkov 1900, S. 487-530.

schen Lebens eine Kirche während eines der Dienste der Fastenzeit beträte, würde sicherlich fast auf Anhieb diesen ziemlich widersprüchlichen Ausdruck verstehen. Einerseits prägt eine Art stiller Traurigkeit den Dienst; die Gewänder sind dunkelfarben, die Gottesdienste dauern länger und sind monotoner als gewöhnlich; es gibt nahezu keine Bewegung. Die Lesungen und Gesänge wechseln einander ab, es gibt scheinbar »keinen Fortgang«. In regelmäßigen Abständen verläßt der Priester das Altarheiligtum, um stets dasselbe kurze Gebet zu sprechen; eine jede Bitte dieses Gebetes wird dadurch hervorgehoben, daß sich alle zum Dienste Versammelten jedesmal niederwerfen. So verweilen wir in einer längerwährenden Zeitspanne stehend in dieser Monotonie, in dieser stillen Traurigkeit.

Aber von jetzt an beginnen wir Verständnis für die Notwendigkeit dieses Verharrens und dieser Monotonie zu empfinden, wenn wir diese verborgene, zunächst nicht wahrnehmbare »Wirkung« dieses Dienstes in uns erfahren wollen. Zug um Zug beginnen wir zu verstehen oder besser zu empfinden, daß diese Traurigkeit in der Tat eine »strahlende« ist und daß sich in uns gerade eine geheimnisvolle Umgestaltung vollzieht. Es ist, als wären wir an einen Ort gelangt, zu dem der Lärm und die Unruhe des Lebens, der Straße und all dessen, was üblicherweise unseren Tagesablauf und selbst unsere Nächte anfällt, keinen Zugang haben - einen Ort, auf den sie keinen Einfluß haben. Alles, was uns so sehr wichtig erschien, was unser ganzes Denken ausfüllte, dieser Zustand der Angst, der uns zur zweiten Natur geworden ist, all das verflüchtigt sich, so daß wir beginnen, uns befreit, erleichtert und beglückt zu fühlen. Es handelt sich nicht um ein lautes und oberflächliches Glück, das zwanzigmal am Tag kommt und vergeht, das so zerbrechlich und flüchtig ist; es ist das tiefverwurzelte Glück, das keinen genau umrissenen oder besonderen Beweggrund hat, das aber aus unserer Seele gespeist wird, die, um es mit einem Wort von Dostojewski auszudrücken, mit einer »anderen Welt« in Berührung gekommen ist. Was sie getroffen hat, geht hervor aus Licht, Frieden, Freude und einem unaussprechlichen Vertrauen. Wir verstehen nun, warum die Gottesdienste lang andauernd und offenbar monoton gehalten werden müssen. Wir sehen ein, daß ein Übergang aus unserer üblichen geistigen Verfassung, die fast vollständig von Hetze, Geschäftigkeiten und Sorgen geprägt ist, in diese neue Geisteshaltung einfach unmöglich ist, ohne uns zuvor »beschwichtigt« zu haben, ohne in uns selbst einen gewissen Grad innerer Ruhe wiedererlangt zu haben. Deshalb vermögen jene, die den Besuch der Gottesdienste der Kirche als »Verpflichtung« betrachten und die immer nur nach dem unbedingt Erforderlichen fragen (Wie oft muß ich in die Kirche gehen? Wie oft muß ich beten?), niemals die wahre Natur des liturgischen Gebetes zu verstehen, das uns in eine andere Welt - die der Gegenwart Gottes - versetzen soll. Dies kann jedoch nur langsam geschehen, da unsere gefallene Natur nicht von sich aus dorthin zu gelangen weiß.

Während wir so diese geheimnisvolle Befreiung erfahren und »unbeschwert und von innerem Frieden erfüllt« werden, nehmen die Monotonie und die Traurigkeit der Dienste eine ganz andere Bedeutung für uns an; sie sind umgestaltet. Eine innere Schönheit taucht sie in Licht wie ein Strahl der Morgensonne die Bergkuppe erhellt, während das Tal noch in Dunkelheit getaucht ist. Diese verborgene und zurückhaltende Freude wird uns durch die vielfachen Alleluja[6] und die gesamte »Tonalität« der

[6] In unseren liturgischen Büchern wird die Fastenzeit oft als die Zeit des Alleluja bezeichnet. Im Westen hingegen wurde das Alleluja schon relativ früh aus der Liturgie der Fastenzeit verbannt. Es blieb vor allem

Fasten-Gottesdienste vermittelt. Was uns zunächst als monoton erschien, erweist sich nunmehr als Friede; was wie Traurigkeit aussah, wird jetzt als die allerersten Bewegungen einer Seele empfunden, die ihre verlorengegangene Tiefe wiederfindet. Das verkündet an einem jeden Morgen der erste Vers des Alleluja der Fastenzeit:

Vor Sonnenaufgang hat meine Seele
Dich gesucht in der Nacht, o Gott,
denn Licht sind deine Gebote auf Erden.

»Glanzausstrahlende Traurigkeit«: Traurigkeit über meine Verbannung, Traurigkeit darüber, mein Leben vergeudet zu haben; aber strahlendes Licht der Gegenwart Gottes und seines Verzeihens, Freude über das von neuem empfundene Verlangen nach Gott, Friede durch das In-Seiner-Nähe-Sein. Dies ist das Klima der Fasten-Gottesdienste und dies ist der erste allgemeine Eindruck, den sie in meiner Seele erzeugen.

2. Das Gebet des heiligen Ephräm des Syrers zur Fastenzeit

Unter allen Hymnen und Gebeten der Fastenzeit gibt es ein kurzes Gebet, das man das Gebet der Fastenzeit nennen kann.

Die Tradition ordnet es einem der großen Meister des geistlichen Lebens zu: dem heiligen Ephräm des Syrers. Sein Text lautet:

Herr und Gebieter meines Lebens,
den Geist der Trägheit, des Kleinmutes,
der Herrschsucht und der unnützen Worte
nimm von mir. Gewähre hingegen mir, deinem Diener,
die Gnade des Geistes der Keuschheit, der Demut,
der Geduld und der Liebe.

---

der österlichen Zeit vorbehalten. Dieser Unterschied ist interessant, weil diesem sehr bedeutsamen liturgischen Wort, das die Kirche von dem jüdischen Gottesdienst übernommen hat, zweifelsfrei etwas Freudvolles anhaftet und stets ein Ausdruck der Freude ist. Rein formell betrachtet, ist das »Alleluja« ein Synonym für Fastenzeit geworden, denn während der Fastenzeit wird es in der Matutin statt des üblichen Verses »Der Herr ist Gott und ist uns erschienen« (Ps 117/8) gesungen. Später bildete dieser Vers eine Neuerung. Er wurde von der Festtags-Matutin des ›Kathedral-Ritus‹ (s. meine *Introduction to Liturgical Theology*, S. 125) übernommen und wurde allmählich allgemein üblich (s. *J. Mateos S.J.*, *Some Problems of Byzantine Orthros*, in einer vervielfältigten Übersetzung von *A. Lewis*, II, 2). Das *Fehlen* des Verses »Der Herr ist Gott« war zu Beginn des 7. Jh.s ein entscheidendes Merkmal des monastischen Gottesdienstes und ist durch die berühmte Beschreibung der Vigil des Sinai bezeugt (*J. B. Pitra*, Juris Ecclesiae Graecorum historia et monumenta, I, S. 220). Abbé Nil hebt hervor, daß das »Der Herr ist Gott« eine festliche Ergänzung ist, die »zu Beginn des Kanons« gesungen wird. Bei dem Psalm 117/8, dem das »Der Herr ist Gott« und fünf weitere Verse entnommen sind, handelt es sich um ein »Hallel« oder einen Alleluja-Psalm, dessen Alleluja als Refrain nach jeder Strophe gesungen wird (vgl. *S. Movinckel*, The Psalms in Israel's Worship, Englische Übersetzung, Oxford 1962, 1, S. 120). Schließlich ist bekannt, daß der hl. Theodor von Stoudion, auf den das Triodion zurückgeht, spezielle »Alleluiaria« verfaßt hat (s. *Skaballanovich*, Tolkovyi Tipikon (Erläuterungen zum Typikon), Kiew 1910, S. 404); liegt hier vielleicht der Ursprung unseres Allelujas in der Fastenzeit? Zum Gebrauch des Allelujas im Westen siehe *J. A. Jungmann*, Missarum Solemnia. III. S. 92 ff.

Ja, mein Herr und mein König, laß mich sehen meine Fehler und nicht verurteilen meinen Bruder, denn du bist gepriesen von Ewigkeit zu Ewigkeit. Amen.

Dieses Gebet wird zweimal am Ende eines jeden Dienstes der Fastenzeit gelesen, von montags bis freitags (man spricht es nicht am Samstag und Sonntag, denn die Dienste dieser beiden Tage folgen nicht, wie wir später noch sehen werden, der Ordnung der Fastenzeit). Man betet es das erste Mal wobei man nach jeder Bitte eine Metanie macht. Dann verneigt man sich zwölfmal und spricht jedesmal: »O Gott, reinige mich Sünder!« Anschließend wiederholt man das ganze Gebet und beendet es mit einer großen Metanie.

Warum nimmt dieses kurze und schlichte Gebet einen so bedeutenden Platz unter den liturgischen Gebeten der Fastenzeit ein? Es enthält in einer äußerst geglückten Aufzählung all die positiven und negativen Elemente des Bereuens und bietet in gewisser Weise eine »Gedächtnisstütze« für unsere persönliche Anstrengung in der Fastenzeit. Diese Bemühung zielt zunächst darauf ab, uns von gewissen grundlegenden spirituellen Krankheiten zu heilen, die unser Leben durchziehen und die es uns praktisch unmöglich machen, daß wir von uns aus damit beginnen, uns Gott zuzuwenden. Die grundlegende Krankheit ist die *Trägheit*. Sie ist diese seltsame Apathie, diese Passivität unseres ganzen Seins, die uns stets eher nach »unten« zieht als nach »oben« bringt und die uns ständig einreden will, daß keinerlei Änderung möglich noch letztlich wünschenswert ist. Dies ist in der Tat ein tief verankerter Zynismus, der auf jegliche spirituelle Einladung »Wozu ist das gut?« antwortet und der auf diese Weise aus unserem Leben eine schreckliche spirituelle Wüste macht. Diese Trägheit ist die Wurzel einer jeden Sünde, weil sie die geistliche Energie an ihrer Quelle bereits vergiftet.

Die Folge der Trägheit ist der *Kleinmut*. Das ist der Zustand der Verzagtheit, den alle geistlichen Väter als die Hauptgefahr für die Seele ansehen. Die Verzagtheit macht es dem Menschen unmöglich, an einer Sache irgend etwas Gutes oder Positives zu erkennen; alles wird ins Negative und Pessimistische verkehrt. Es wirkt wahrlich eine dämonische Macht in uns, denn der Teufel ist vom Grundsatz her ein *Lügner*. Er belügt den Menschen im Hinblick auf Gott und die Welt; er zersetzt das Leben durch Dunkelheit und Leugnung. Die Verzagtheit ist der Selbstmord der Seele, denn, wenn der Mensch von ihr beherrscht wird, ist er ganz und gar unfähig, das Licht zu sehen und nach ihm zu streben.

Die *Herrschsucht*! So seltsam es auch erscheinen mag, aber genau Trägheit und Verzagtheit sind es, die in unserem Leben mit der Herrschsucht einhergehen. Indem sie unsere ganze Lebenshaltung verdirbt und das Leben seines Sinnes entleert und völlig beraubt, zwingt sie uns, eine Kompensation in einer gegen den Mitmenschen gerichteten total falschen Haltung zu suchen. Wenn mein Leben nicht auf Gott ausgerichtet ist, nicht auf ewige Werte zielt, dann wird es unweigerlich selbstsüchtig und eigenzentriert, d. h. alle anderen Lebewesen dienen nur noch meiner eigenen Zufriedenstellung. Wenn Gott nicht der HERR und MEISTER meines Lebens ist, dann werde ich mein eigener Herr und Meister, die absolute Mitte meines Universums, und ich beginne, alles im Hinblick auf meine Bedürfnisse, meine Ideen, meine Wünsche und meine Wertungen zu sehen.

Die Herrschsucht wird auf diese Weise zur grundlegenden Verderbtheit in meiner Beziehung zu den anderen; sie wird zu dem Versuch, mir die anderen unterzuordnen. Das muß sich nicht notwendigerweise in einem sichtbaren Bedürfnis, »andere« zu kommandieren oder zu beherrschen, äußern. Es kann auch in Gleichgültigkeit, Verachtung, Mangel an Interesse, Rücksichtnahme und Respekt umschlagen. Auch hierbei handelt es sich um Trägheit und Mutlosigkeit, aber dieses Mal gegen andere gerichtet; es ergänzt den spirituellen Selbstmord durch einen spirituellen Mord.

Und schließlich: das *leere Geschwätz*. Von allen geschaffenen Wesen ist einzig der Mensch mit der Gabe des Wortes ausgestattet worden. Alle Väter sehen darin das »Siegel« des göttlichen Bildes im Menschen, denn Gott selbst wird als Wort (Joh 1,1) geoffenbart. Aber aufgrund der Tatsache, daß es das höchste Gut darstellt, birgt die Gabe des Wortes von daher die höchste Gefahr. Da sich in ihr die eigentliche Ausdrucksfähigkeit des Menschen, das Mittel seiner Selbstverwirklichung zeigt, ist es genau aus diesem Grunde zum Anlaß seines Falles und seiner Selbstzerstörung, seines Verrates und seiner Sünde geworden. Das Wort rettet, das Wort tötet; das Wort begabt, das Wort vergiftet. Das Wort ist das Mittel der Wahrheit, das Wort ist das Werkzeug der diabolischen Lüge. So wie es eine äußerst positive Kraft hat, besitzt es auch eine schrecklich negative Gewalt. Es wirkt wahrlich positiv wie negativ. Abgeschnitten von seinem göttlichen Ursprung und Ziel, wird das Wort *nutzlos*. Es bringt die Trägheit, den Kleinmut und die Herrschsucht »zur Geltung« und macht das Leben zur Hölle. Es wird zur eigentlichen Macht der Sünde.

Hier liegen die vier negativen Punkte, auf die das Sich-Bekehren abzielt; diese Hindernisse müssen beseitigt werden. Aber nur Gott vermag sie zu beseitigen. Daher der erste Teil des Gebetes der Fastenzeit: Dieser Schrei aus der Tiefe unserer menschlichen Ohnmacht. Von da an geht das Gebet zu den ebenfalls vier positiven Zielen des Bereuens über.

Die *Keuschheit*. Wenn man diesen Begriff nicht, wie es so häufig fälschlicherweise geschieht, auf eine rein sexuelle Bedeutung reduziert, kann die Keuschheit als das positive Gegenstück zur Trägheit betrachtet werden. Die genaue und vollständige Übersetzung des griechischen Wortes sofrosyne und des russischen *tselomudryje* wäre: *umfassende Vernünftigkeit*. Die Trägheit ist vor allem Verzettelung, Aufteilung unserer Sichtweise und unserer Energie, die Unfähigkeit, das Ganze zu sehen. Ihr genaues Gegenteil ist also *Unversehrtheit*. Wenn wir gewöhnlich mit dem Ausdruck Keuschheit eine Tugend bezeichnen, die der sexuellen Ausschweifung entgegensteht, so deshalb, weil die gebrochene Natur unserer Existenz nirgendwo deutlicher wird als in unserem sexuellen Verlangen - dieser Entfremdung des Körpers von dem Leben und der Steuerung durch den Geist. Christus erneuert und bewirkt in uns diese Unversehrtheit, indem er uns die wahre Werteskala zurückgibt und zu Gott zurückführt.

Die erste wunderbare Frucht dieser Unversehrtheit oder Keuschheit ist die *Demut*. Wir haben von ihr bereits gesprochen; sie ist zuerst der Sieg der Wahrheit in uns, die Auslöschung aller derjenigen Lügen, mit denen wir gewöhnlich leben. Einzig die Demut ist zur Wahrheit fähig, vermag die Dinge zu sehen und anzunehmen, wie sie sind, um dann Gott, seine Erhabenheit, seine Güte und seine Liebe in allem sehen zu können. Deshalb sagt man, daß Gott dem Demütigen seine Gnade erweist und dem Stolzen widersteht.

Die natürliche Folge der Keuschheit und Demut ist die *Geduld.* Der »natürliche« oder »gefallene« Mensch ist ungeduldig, weil er, blind über sich selbst, geneigt ist, die anderen rasch zu beurteilen und zu verurteilen. Da er nur eine bruchstückhafte, unvollständige und verfälschte Schau aller Dinge hat, beurteilt er alles nach seinem Geschmack und nach seinen Vorstellungen. Allen gegenüber, außer sich selbst, ist er gleichgültig und will, daß das Leben hier und jetzt Erfolg bringt. Die Geduld ist übrigens eine wirklich göttliche Tugend. Gott ist geduldig, nicht weil er »nachsichtig« ist, sondern weil er das Innerste aller Existierenden sieht, weil die innere Wirklichkeit der Dinge, die wir in unserer Blindheit nicht sehen, unverdeckt vor ihm liegt. Je mehr wir uns Gott nähern, desto geduldiger werden wir und desto deutlicher spiegeln wir die unendliche Achtung vor allen Lebewesen wider, die eine Gott eigentümliche Eigenschaft ist.

Die Krönung und die Frucht aller Tugenden, allen Wachsens und aller Anstrengungen schließlich ist die Liebe - jene *Liebe*, die, wie bereits ausgeführt, nur von Gott geschenkt werden kann - diese Gabe, die das Ziel einer jeden spirituellen Vorbereitung und Bemühung ist.

Dies alles findet sich kurz zusammengefaßt in der das Gebet der Fastenzeit abschließenden Bitte, in der wir beten, »zu sehen meine eigenen Fehler und nicht zu verurteilen meinen Bruder«. Denn schließlich gibt es noch eine Gefahr: den *Stolz.* Der Hochmut ist die Quelle des Übels, und jegliches Übel ist Hochmut. Es reicht für mich indes nicht aus, daß ich meine eigenen Fehler sehe, denn selbst diese offenbar gute Eigenschaft kann in Hochmut umschlagen. Die geistlichen Schriften sind voll von Warnungen vor den subtilen Formen einer falschen Frömmigkeit, die in Wirklichkeit unter dem Deckmantel der Demut und Selbstanklage in einen wahrhaft teuflischen Hochmut münden kann. Aber wenn wir »unsere eigenen Fehler sehen« *und* »nicht unsere Brüder verurteilen«, und wenn mit anderen Worten Keuschheit, Demut, Geduld und Liebe in uns eins geworden sind, dann und nur dann ist der letzte Feind - der Hochmut - in uns besiegt.

Nach jeder Bitte des Gebetes wirft man sich zu Boden. Diese Geste ist nicht auf das Gebet des heiligen Ephräm beschränkt, sondern stellt eins der charakteristischen Merkmale des liturgischen Gebetes der vierzig Tage dar. Hier tritt seine Bedeutung indessen besonders deutlich hervor. In dein langen und schwierigen Bemühen zur spirituellen Erneuerung trennt die Kirche nicht die Seele und den Leib. Der ganze Mensch ist von Gott abgefallen; der ganze Mensch muß wieder hergestellt werden; der ganze Mensch muß zu Gott zurückkehren. Die Katastrophe der Sünde besteht genau in dem Sieg des Fleisches – das Nichtbeseelte, das Irrationale, das Leidenschaftliche in uns – über das Geistliche und Göttliche. Aber der Körper ist verherrlicht, der Körper ist heilig, so heilig, daß Gott selbst »Fleisch angenommen hat«. Das Heil und die Reue sind somit nicht Verachtung oder Vernachlässigung des Körpers, sondern seine Wiederherstellung in seiner wahren Funktion als Ausdruck des Lebens des Geistes, als Tempel der menschlichen Seele, die von unschätzbarem Wert ist. Die christliche Askese ist ein Kampf, aber nicht *gegen*, sondern *für* den Körper. Aus diesem Grunde bereut der ganze Mensch – Körper und Seele. Der Körper hat teil am Beten der Seele, ebenso wie die Seele durch den und in dem Körper betet. Das Sich-Niederwerfen, dieses »psychosomatische« Zeichen der Reue, der Demut, der Anbetung und des Gehorsams bildet somit den Fastenritus ›par excellence‹.

3. Die Heiligen Schriften

Das Gebet der Kirche ist immer biblisch, d. h. es bedient sich der Sprache, der Bilder und der Symbole der Heiligen Schrift. So wie die Bibel die dem Menschen von Gott gegebene Offenbarung enthält, so gibt sie auch die inspirierte Antwort des Menschen auf diese Offenbarung wieder, also die Art und den Inhalt des Gebetes des Menschen, seines Lobes und seiner Anbetung. So wurden z. B. die Psalmen vor Tausenden von Jahren abgefaßt; trotzdem findet der Mensch, der sich genötigt sieht, seine Reue und Zerknirschung seines ganzen Wesens in Herausforderung der göttlichen Gnade auszudrücken, in dem Beginn des Bußpsalms die einzig angemessene Ausdrucksform: »Erbarme dich meiner, o Gott«! Alle vorstellbaren Lebenslagen des Menschen vor Gott, der Welt und den anderen Menschen, von der überwältigenden Freude in der göttlichen Gegenwart bis zur abgrundtiefen Verzweiflung wegen der Vertreibung des Menschen, seiner Sünde und seiner Entfremdung, haben ihren vollkommenen Ausdruck in diesem einzigartigen Buch gefunden. Deshalb bildete es seit jeher die tägliche Nahrung der Kirche, eine Quelle für ihre gottesdienstlichen Gebete und für ihre eigene Erbauung.

Während der Großen Fastenzeit erfährt die biblische Dimension des liturgischen Gebetes eine verstärkte Betonung. Man kann sagen, daß die vierzig Tage der Fastenzeit in einem gewissen Sinn die Rückkehr der Kirche in die spirituelle Gegebenheit des Alten Testamentes, in diese Zeit *vor* Christus, der Zeit der Buße und der Erwartung, der Zeit der »Heilsgeschichte« darstellen, die *auf ihre Vollendung in Christus* hinzielt. Diese Rückkehr ist notwendig, weil wir uns ständig von dem neuen Leben, das wir von ihm empfangen haben, entfernen, obgleich wir der Zeit *nach Christus* angehören und »in ihm getauft« sind; das will sagen, daß wir in die »alte« Zeit zurückfallen. Die Kirche ist einerseits bereits am Ziel, da sie »die Gnade Christi, die Liebe Gottes des Vaters und die Vereinigung im Heiligen Geiste« *ist*; andererseits bleibt sie jedoch »unterwegs«, indem sie die lange und schwierige Pilgerschaft im Hinblick auf die Erfüllung aller Dinge in Gott, auf die Wiederkunft Christi und das Ende der Zeiten fortsetzt.

Die Große Fastenzeit ist die Periode, in welcher der andere Aspekt der Kirche, ihres Lebens als Erwartung und als Reise gegenwärtig wird. Daher erhält das Alte Testament seinen ganzen Sinn: nicht nur als Buch der Prophetien, die ihre Erfüllung gefunden haben, sondern auch als Buch des Menschen und der ganzen Schöpfung, die zum Reiche Gottes »unterwegs« sind.

Zwei Grundsätze bestimmen den Gebrauch des Alten Testamentes in den Gottesdiensten der Fastenzeit[7]: die »zweifache Lesung« des *Psalters* und die »*fortlaufende Lesung*«, d. h. der praktisch vollständigen Lesung der drei Bücher: *Genesis*, *Isaias* und der *Sprüche*.

Die *Psalmen* haben immer einen zentralen und herausgehobenen Platz im christlichen liturgischen Gebet[8] eingenommen. Die Kirche sieht darin nicht nur die angemes-

---

[7] Zu den Lesungen während der Liturgie in der Fastenzeit siehe die bedeutende Studie von *Alexis Kniazeff*, La Lecture de l'Ancien et du Nouveau Testament dans le Rite Byzantin, in: Mgr *Cassien* und Dom *Bernhard Botte*, La priere des Heures (Collection »Lex Orandi« 35), Paris 1963, S. 202-251.

[8] Zu den Psalmen in der Liturgie vergleiche man *Balthazar Fisher*, Le Christ dans les Psaumes, La Maison Dieu 27 (1951) 86-109, und die Sondernummer derselben Zeitschrift: Les Psaumes, prière de l'assemblée

senste und vollkommenste Ausdrucksmöglichkeit des Gebetes des Menschen, seiner Reue, seiner Anbetung und seines Lobes, sondern eine wahrhafte Wortikone Christi und der Kirche, eine Offenbarung inmitten der Offenbarung. Für die Väter, so ein Kommentator ihrer Schriften, »beten, weinen und sprechen nur Christus und seine Kirche in diesem Buche«. Seit frühestem Anbeginn bildeten die Psalmen die Grundlage des Gebetes der Kirche, »ihre natürliche Sprache«. Man bedient sich ihrer in den Gottesdiensten zunächst als »feststehenden Psalmen«, d. h. als bleibendes Element eines jeden der täglichen Gottesdienste. Das ist der Fall bei dem »Vesperpsalm« (Psalm 103/4) zur Vesper, den sechs Psalmen (Ps 3, 37/8, 62/3, 87/8, 102/3, 142/3) und den Lobpsalmen (Psalmen 148, 149, 150) zur Matutin, sowie den Gruppen zu je drei Psalmen zu den Stunden, usw. Dem *Psalter* entnommen sind noch die *Prokimena*, die Alleluja-Verse usw. für alle Feste und Kommemorationen des liturgischen Jahres. Schließlich wird der ganze, in zwanzig Abschnitte oder Kathismen unterteilte Psalter jede Woche zur Vesper und Matutin in seiner Gesamtheit gelesen. Dies ist der dritte Gebrauch des Psalters, der in der Fastenzeit jeweils zweimal gelesen wird; der Psalter wird nicht einmal, sondern zweimal in jeder Woche der Fastenzeit gelesen, wobei auch die Stundengebete zur Terz und Sext Teile von ihm umfassen.

Die »fortlaufende Lesung« von *Genesis*, *Isaias* und den *Sprüchen* geht auf die Zeit zurück, in der die Fastenzeit noch die Hauptvorbereitungszeit der Kirche auf die Taufe war und in der die Gottesdienste einen überwiegend katechetischen Charakter besaßen, d. h. der Unterweisung der Katechumenen gewidmet waren. Jedes dieser drei Bücher verkörpert einen der drei Hauptgesichtspunkte des Alten Testamentes: den Bericht über das Wirken Gottes in der Schöpfung, die Prophetie und die moralische und ethische Unterweisung. Das Buch *Genesis* bildet, wenn man so will, das Gerüst des Glaubens der Kirche. Es enthält die Geschichte der Schöpfung, des Sündenfalls und schließlich die der Zusage und des Beginns des Heils durch den Bund Gottes mit seinem auserwählten Volk. Dieses Buch zeigt drei wesentliche Dimensionen des Glaubens der Kirche an ihren Gott auf: Schöpfer, Richter und Erlöser. Es enthüllt die Grundlagen christlichen Verständnisses von dem, was der Mensch ist: geschaffen »nach dem Bild und Ebenbild Gottes«, abgefallen von Gott, aber weiterhin das Objekt göttlicher Liebe, seiner Hingabe und letztendlich seines Heils. Dieses Buch deckt den Sinn der Geschichte als *Heilsgeschichte* auf, die zu Christus führt und in ihm seine Erfüllung findet. Es kündigt das Mysterium der Kirche durch die Zeichen und Wirklichkeiten des Volkes Gottes, den Bund, die Arche usw. an. *Isaias* ist der größte der Propheten, und die Lektüre seines Buches während der Fastenzeit will uns nochmals das große Mysterium des Heils durch die Leiden und das Opfer Christi offenbaren. Schließlich gibt das Buch der *Sprüche* eine *Zusammenfassung* (Epitom) der ethischen Lehren des Alten Testamentes, des Moralgesetzes, der Weisheit, ohne deren Annahme der Mensch nicht verstehen kann, wie sehr er von Gott abgeschnitten und in welchem Ausmaß er unfähig ist, die Frohe Botschaft der Vergebung aus Liebe und Gnade auch nur zu hören.

Abschnitte dieser drei Bücher werden an jedem Tag der Fastenzeit, von montags bis freitags gelesen: *Genesis* und *Sprüche* in der Vesper, *Isaias* in der Sext. Und obgleich die Fastenzeit bereits seit langem nicht mehr die Zeit der Katechese durch die

---

chrétienne, La Maison Dieu 33 (1953). Zum monastischen Ursprung unseres heutigen Systems siehe *Skaballanovich*, Tolkovyi Tipikon (Erläuterungen zum Typikon), Kiew 19 10, S. 208 ff.

Kirche ist, behält die ursprüngliche Absicht dieser Lesungen ihre volle Bedeutung. Unser christlicher Glaube bedarf der jährlichen Rückkehr an seine biblischen Wurzeln und Grundlagen, denn es kann keine Rede von einem Ende des Anwachsens unserer Einsicht in die göttliche Offenbarung sein. Die Bibel ist keine Sammlung dogmatischer »Vorschläge«, die man annehmen müßte und an die man ein für allemal erinnert wird, sondern die lebendige Stimme Gottes, der ständig zu uns spricht und uns immer tiefer in die unerschöpflichen Reichtümer seiner Weisheit und seiner Liebe einführt. Es gibt nichts Tragischeres, als die Unkenntnis der Glieder unserer Kirche bezüglich beinahe aller heiligen Schriften mit ansehen zu müssen, und was aber noch schlimmer ist, ist ihre ganz und gar vollständige Gleichgültigkeit diesen Schriften gegenüber. Das, was für die Väter und Heiligen eine Quelle der Freude ohne Ende, des Interesses und des spirituellen und intellektuellen Wachsens war, ist für viele Orthodoxe heute ein altmodischer Text, ohne Bedeutung für ihr Leben. Es ist jedoch zu hoffen, daß man mit der Wiederentdeckung des Geistes und des Sinns der Fastenzeit auch die Schriften als wahre geistliche Nahrung und Kommunion mit Gott wiederfindet.

4. Das Triodion

Die Große Fastenzeit hat ihr eigenes liturgisches Buch: das *Fasten-Triodion.* Dieses enthält Hymnen und biblische Lesungen für jeden Tag der Fastenzeit, beginnend am Sonntag des Zöllners und Pharisäers und endend mit der Vesper des Großen und Heiligen Samstags. Die Mehrzahl der Hymnen des Triodion wurde zusammengestellt nach dem praktischen Verschwinden des Katechumenates (d. h. Erwachsenentaufe und die für sie erforderliche Vorbereitung der Kandidaten). Sie legen die Betonung nicht auf die Taufe, sondern auf das Bereuen. Leider kennen und verstehen heutzutage nur wenige die außergewöhnliche Schönheit und Tiefe dieser Hymnographie der Fastenzeit. Diese Unkenntnis des Triodion ist der Hauptgrund für den langsamen Wandel im Verständnis der Fastenzeit selbst, ihres Sinnes und ihrer Zielsetzung; eines Wandels, der sich langsam in der christlichen Mentalität vollzogen hat und der die Fastenzeit auf eine juristische »Verpflichtung« und eine Sammlung von Diätvorschriften reduziert hat. So hat man heute nahezu vollständig den Sinn für den wirklichen Geist und die Herausforderung der Fastenzeit verloren. Um diesen Sinn herauszufinden, gibt es kein anderes Mittel als ein aufmerksames Hinhören auf die Hymnen des Triodion. Es ist beispielsweise wichtig zu sehen, wie häufig uns diese Hymnen präzise vor einem »formalistischen« Verständnis und folglich vor einem geheuchelten Fasten warnen. Schon vom Mittwoch der Woche der Tyrophagie an wird gesungen:

Meine Seele, eitel ist es,
wenn du dich deines Fastens rühmst,
wenn du dich der Nahrung enthältst,
aber dich nicht wegen deiner Leidenschaften läuterst!
Denn, wenn du nicht den Wunsch zur Besserung verspürst,
wirst du als eine Lüge in Gottes Augen verachtet werden,
und du wirst den bösen Dämonen gleichen,
die auch niemals Nahrung zu sich nehmen.
Wenn du in der Sünde verharrst,

wird dein Fasten unnütz sein;
deshalb strebe standhaft,
als ob vor dem Gekreuzigten Erlöser du stündest,
oder vielmehr nimm deine Kreuzigung in Kauf für den,
der für unser aller Heil gekreuzigt worden ist.

Und am Mittwoch der vierten Woche hören wir:

Jene, die geistliche Wohltaten erstreben,
die im Geheimen sich in Tugenden üben,
nicht davon auf öffentlichen Plätzen tönen,
sondern ohne Unterlaß in den Tiefen unserer Herzen beten:
Nur der, der sieht, was in unserem Innern vor sich geht,
gibt uns den Lohn für unsere Enthaltsamkeit.
Fahren wir mit unserem Fasten fort,
ohne unser Antlitz zu verdüstern,
sondern in den tiefsten Tiefen unserer Seele wollen wir
bitten und ohne Unterlaß sprechen:
Vater unser, der du bist in den Himmeln,
führe uns nicht in Versuchung,
sondern erlöse uns von dem Bösen.

Während der ganzen Fastenzeit lassen die Hymnen den Gegensatz zwischen der Demut des Zöllners und dem dummen Gerede und der Prahlerei des Pharisäers hervortreten, wobei seine Scheinheiligkeit gebrandmarkt wird.

Aber worin besteht nun das wahre Fasten? Das Triodion gibt als Antwort: Zunächst in der inneren Läuterung.

»... Enthalten wollen wir uns, Gläubige,
der verderbenbringenden Fallen und
der unheilvollen Leidenschaften,
damit wir empfangen mögen das Leben des göttlichen Kreuzes,
und wie der gute Schächer
in unsere ursprüngliche Wohnung zurückkehren dürfen...«

Das ist auch eine Rückkehr zur Liebe, ein Kampf gegen ein verzetteltes Leben, gegen Haß, Ungerechtigkeit und Neid:

»Zu unserem leiblichen Fasten wollen wir
auch das geistige Fasten hinzufügen, Brüder;
zerbrechen wir die Bande der Ungerechtigkeit,
lösen wir die Schlinge der Gewalttaten;
laßt uns alle Schuldscheine der Sünde zerreißen.
Den Hungernden laßt uns Brot geben;
öffnen wir unsere Häuser den Armen ohne Bleibe,
um das große Erbarmen Christi zu erlangen.«

»Kommt, Gläubige und laßt uns
im Lichte die Werke Gottes erfüllen

ehrbar wandeln wollen wir wie am hellen Tag,
weit von uns weisen jede böse Absicht gegen unseren Nächsten,
ohne ihm in empörender Weise Fallen zu stellen.
Enthalten wir uns der Lüste des Fleisches, mehren wir die geistlichen Güter unserer Seelen.
Den Bedürftigen wollen wir Brot reichen.
Christus laßt mit Reue uns nähern und rufen:
O unser Gott, habe Erbarmen mit uns!«

Wenn wir auf dieses alles hörten, wie weit wären wir von dem kleinlichen und pharisäerhaften Verständnis der Fastenzeit entfernt, das heutzutage überwiegt und diese ausschließlich unter negativen Aspekten sieht, als etwas »Beklemmendes«, das uns, sofern wir es freiwillig annehmen und »durch es leiden« würden, automatisch »Verdienste« einbrächte und uns vor Gott »gut dastehen« lassen würde. In welchem Maße haben die Menschen die Vorstellung übernommen, daß die Fastenzeit die Zeit sei, in der Dinge, welche in sich gut sein können, *verboten* wären, so als ob Gott Freude daran hätte, uns zu foltern! Für die Autoren der Hymnen des Triodion ist die Fastenzeit genau das Gegenteil; es ist eine Rückkehr zu dem »normalen« Leben, zu diesem »Sich-Enthalten«, das Adam und Eva gebrochen haben, wodurch sie das Leiden und den Tod über die Welt brachten. Die Fastenzeit wird vielmehr begrüßt als geistlicher Frühling, als eine Zeit der Freude und des Lichtes:

Der Frühling des Fastens ist gekommen,
die Blütezeit der Reue...

Nehmen wir mit Freude die Ankündigung der Fastenzeit auf!
Denn wenn unser Stammvater Adam
das Fasten befolgt hätte,
wären wir nicht des Paradieses verlustig gegangen.

Die Zeit des Fastens ist eine Zeit der Freude!
In einer von Glanz strahlenden Reinheit
und einer reinen Liebe,
und erfüllt mit Glanz verbreitendem Gebet und guten Werken;
laßt uns in Freude singen.

Nur jene, die sich »im Herrn erfreuen« und für die das letzte Ziel ihres Strebens und die höchste Freude ihrer Existenz Christus und sein Reich sind, können freudig den Kampf gegen das Übel und die Sünde aufnehmen, um teilzuhaben an dem endgültigen Sieg. Darum werden von allen Heiligen auch nur die *Märtyrer* an jedem Tag der Fastenzeit angerufen und in eigenen Hymnen besungen. Denn die Märtyrer sind genau diejenigen, die Christus allem anderen in dieser Welt, einschließlich ihres eigenen Lebens, vorgezogen haben und die nunmehr in Christus ihre Freude finden und wie der sterbende Ignatios von Antiochien zu sagen vermögen: »Jetzt beginne ich zu leben ...« Sie sind die Zeugen des Reiches Gottes, weil nur sie, die ihn gesehen und gekostet haben, zu dieser höchsten Entsagung fähig sind. Sie sind unsere Weggefährten, die uns die Anstöße geben in der Fastenzeit, in der wir darum kämpfen, daß in uns das Göttliche, Himmlische und Ewigwährende triumphieren möge.

Von der einzigen Hoffnung beseelt
und die einzigartige Vision vor Augen
habt ihr, o Märtyrer, durch euer Leiden
im Tod den Weg in das Leben gefunden ...

Angetan mit der Rüstung des Glaubens
und gewappnet mit dem Zeichen des Kreuzes,
habt ihr euch erwiesen als Gottes würdige Soldaten.
Ihr habt mutig den Marterern widerstanden
und arglistige Pläne des Dämons vereitelt.
Ihr Sieger, ihr wurdet der Siegeskronen für würdig befunden.
Bittet nun für uns bei Christus,
daß Er errette unsere Seelen.

Während der ganzen vierzig Tage, sind es das Kreuz Christi und seine Auferstehung mit der glanzausstrahlenden Osterfreude, die die höchste »Leitlinie« jeglicher Fasten-Hymnographie ausmachen; wir werden unaufhörlich daran erinnert, daß nur dieser Weg, so beschwerlich und eng er auch sein mag, schließlich zum Tisch Christi in seinem Reiche führt. Wie bereits gesagt, die Erwartung und der Vorgeschmack auf die österliche Freude prägen die ganze Fastenzeit; sie sind der wahre Beweggrund all unserer Fasten-Anstrengung:

»Da wir an dem Göttlichen Pascha teilhaben möchten,
erlangen wir im Fasten den Sieg über den Dämon ...
Wir werden teilnehmen an dem Göttlichen Pascha Christi«.

TRIODION - Welch unbekanntes und vernachlässigtes Buch! Wenn doch wenigstens wir verstehen würden, daß wir durch dieses Buch nicht nur den Geist der Fastenzeit, sondern auch der Orthodoxie selbst, ihre »österliche« Sichtweise des Lebens, des Todes und der Ewigkeit neu entdecken und uns wieder zu eigen machen können.

Kapitel Drei

Die Liturgie der vorgeweihten Gaben[9]

1. Die beiden Bedeutungen der Kommunion

Von allen liturgischen Vorschriften, welche die Fastenzeit betreffen, ist vor allem eine für ihr Verständnis von entscheidender Bedeutung; da sie eine Besonderheit der Orthodoxie ist, bildet sie in mancherlei Hinsicht den Schlüssel für das Verständnis ihrer liturgischen Tradition. Hierbei handelt es sich um die Regel, die die Feier der Göttlichen Liturgie an allen Wochentagen während der Fastenzeit untersagt. Die Rubriken sind eindeutig: unter keinen Umständen kann die Göttliche Liturgie von montags bis freitags in der Fastenzeit gefeiert werden, mit nur einer Ausnahme: das Fest der Verkündigung, wenn es auf einen dieser Tage fällt. Für jeden Mittwoch und jeden Freitag indessen sind besondere eucharistische Abenddienste vorgeschrieben; man nennt sie *Liturgie der Vorgeweihten Gaben*[10].

Der Sinn dieser Ordnung ist so gründlich vergessen worden, daß man sie in vielen Gemeinden, besonders in jenen, die seit langem westlichen und lateinischen Einflüssen ausgesetzt waren, ganz einfach nicht mehr befolgt und nach der rein lateinischen Praxis der tagtäglichen »Privat-« oder »Gedenk-« Liturgien die ganze Fastenzeit über verfährt. Aber selbst da, wo man diese Regel einhält, unternimmt man keine Anstrengung, um über eine rein formelle Beachtung der »Rubriken« hinauszugelangen noch um ihre spirituelle Bedeutung, die tiefe »Logik« der Fastenzeit zu verstehen. Es ist folglich wichtig, den Sinn dieser Vorschrift bis in Einzelheiten hinein zu erläutern, die den Rahmen der Fastenzeit überschreitet und die orthodoxe liturgische Tradition als Ganzes erhellt.

Um es vorweg zu sagen, wir haben es hier mit dem Ausdruck und der Anwendung eines fundamentalen liturgischen Prinzips zu tun: der Unvereinbarkeit der Eucharistie mit dem Fasten. Um jedoch den Sinn dieses Prinzips zu verstehen, dürfen wir nicht mit dem Fasten, sondern müssen wir mit der Eucharistie beginnen. In tiefliegendem Unterschied zur eucharistischen Theologie des westlichen Katholizismus und seiner Praxis, hat die Eucharistie in der orthodoxen Tradition stets ihren festlichen und freudigen Charakter bewahrt. Sie ist vor allem das Sakrament des Kommens Christi

---

[9] Liturgie der Vorgeweihten Gaben - Bibliographie: *D. N. Moraitis*, Ἡ Λειτουργία τῶν Προηγιασμένων, Thessaloniki 1955; *P. N. Trempelas*, Αἱ τρεῖς Λειτουργίαι, Athen 1935; *V. Jameras*, La partie vespérale de la liturgie byzantine des présanctifiés, *Orientalia Christiana Periodica* 30 (1964) 193-222; *H. Engberding*, Zur Geschichte der Liturgie der vorgeweihten Gaben, *Ostkirchliche Studien* 13 (1964) 310-314; s. auch *H. W. Codrington*, The Syrian Liturgy of the Presanctified, *Journal of Theological Studies* IV (1903) 69-81; *J. Ziade*, in: *Diction. de Théologie Catholique* 13, S. 77-111; *L M. Hanssens*, Institutiones Liturgicae De ritibus Orientalibus, Rom 1930, S. 86-121.

[10] *Mittwoch und Freitag* - In früheren Zeiten wurde die Liturgie der Vorgeweihten Gaben an jedem Tag der Fastenzeit gefeiert (s. *Moraitis*, Ἡ Λειτουργία τῶν Προηγιασμένων, S. 29-33).

und seiner Gegenwart unter seinen Jüngern, und folglich besteht ihr sehr realer Sinn in einer Feier der Auferstehung. Das Kommen und die Gegenwart Christi in der Eucharistie sind für die Kirche wahrlich der »Beweis« für seine Auferstehung. Die Freude und das Brennen im Herzen, das die Jünger auf ihrem Weg nach Emmaus verspürten, wo Christus sich ihnen beim Brotbrechen (Lk 24,13-35) offenbarte, sind für die Kirche die ewige Quelle des »aus eigenem Erleben erwachsenen« und »ihrem Wesen eigenen« Wissens um die Auferstehung. Die Auferstehung hat in der Tat niemand gesehen und doch haben seine Jünger an sie geglaubt, nicht weil jemand sie so unterwiesen hätte, sondern weil sie den auferstandenen Herrn gesehen haben, als er »bei verschlossenen Türen« unter ihnen erschien und an ihrem Mahle teilnahm.

Die Eucharistie ist eben immer dieses Kommen und dieses Gegenwärtigsein, diese Freude und dieses »Brennen im Herzen«, dieses allen Verstand übersteigende und dennoch absolute Wissen, daß der auferstandene Herr sich beim Brechen des Brotes selbst zu erkennen gab. Und diese Freude ist so groß, daß in der Urkirche der Tag der Eucharistie nicht ein Tag wie jeder andere auch war, sondern der *Tag des Herrn*, ein Tag bereits jenseits der Zeit, denn in der Eucharistie ist das Königreich Gottes bereits »angebrochen«. Beim letzten Abendmahl sagte Christus selbst zu seinen Jüngern, daß er ihnen das Reich derart bestimmt habe, daß sie »an seinem Tisch, in seinem Reiche essen und trinken würden«. Da sie die Gegenwart des auferstandenen und in den Himmel aufgefahrenen Herrn ist, wo er zur Rechten des Vaters sitzt, ist die Eucharistie auch die Teilhabe am Reiche, das »Freude und Frieden im Heiligen Geist« ist. Die Kommunion ist die »Nahrung der Unsterblichkeit«, das »himmlische Brot«; und sich dem heiligen Tisch nähern heißt, wahrhaft in den Himmel emporzusteigen.

Die Eucharistie ist somit *das* Fest der Kirche oder besser noch die Kirche als Fest, als Freude in der Gegenwart Christi, als Vorwegnahme der ewigen Freude des Reiches Gottes. Jedesmal, wenn die Kirche die Eucharistie feiert, ist sie »bei sich zuhause« - im Himmel. Sie fährt dorthin auf, wohin Christus aufgefahren ist, um uns »an seinem Tisch, in seinem Königreich, essen und trinken ... « zu lassen. Man versteht also, warum die Eucharistie mit dem Fasten unvereinbar ist, denn durch das Fasten drückt die Kirche (wie wir noch sehen werden) am besten aus, daß sie jetzt noch als Pilgerin auf dem Weg zum himmlischen Königreich ist. Und »die Söhne des Reiches«, sagt Christus, »können nicht fasten, wenn der Bräutigam unter ihnen weilt« (Mt 9,15).

Aber warum ist dann, so könnte man fragen, die Kommunion während der Tage des Fastens der Liturgie der Vorgeweihten Gaben zugeordnet? Widerspricht das nicht dem oben ausgeführten Grundsatz? Um auf diese Frage zu antworten, müssen wir jetzt den zweiten Gesichtspunkt des orthodoxen Verständnisses der Kommunion betrachten. Sie bedeutet die unser geistliches Mühen aufrechterhaltende Kraftquelle. Wenn, wie wir soeben gesehen haben, die heilige Kommunion die Erfüllung aller unserer Bemühungen, das Ziel, dem wir zustreben, und die höchste Freude unseres christlichen Lebens ist, dann ist sie auch notwendigerweise die Quelle und der Beginn all unseres geistlichen Mühens selbst, die göttliche Gabe, die es uns erlaubt, die »vollkommenste Kommunion am abendlosen Tage« des Reiches Gottes zu erkennen, zu ersehnen und zu erstreben. Das Reich Gottes, obgleich es schon gekommen ist und obgleich es in der Kirche kommt, wird seine Erfüllung und seine Aufnahme am Ende der Zeiten finden, wenn Gott alles mit sich selbst erfüllen wird. Wir wissen das und wir nehmen daran teil durch die Vorwegnahme; wir nehmen *jetzt* an dem Reiche teil, das *kommen* wird. Wir sehen und kosten im voraus seine Herrlichkeit und seine Glückseligkeit; aber noch sind wir hier auf Erden und unsere Existenz in dieser Welt ist somit ganz und gar eine lange und oft leidvolle Reise auf den letzten Tag des Herrn hin. Auf dieser Reise haben wir Hilfe und Unterstützung, Kraft und Trost nötig, denn der »Fürst dieser Welt« ist noch nicht überwunden; ganz im Gegenteil führt er, der sich durch Christus besiegt weiß, einen letzten und wilden Kampf gegen Gott, um ihm noch so viele wie möglich zu entreißen. So heftig ist dieser Kampf und so mächtig sind die »Pforten der Hölle«, daß Christus selbst zu uns über den »schmalen Pfad« und über die wenigen spricht, die ihn zu beschreiten in der Lage sind. In diesem Kampf sind unsere Hauptstütze einzig der Leib und das Blut Christi, diese »wesentliche Nahrung«, die uns in geistlicher Hinsicht belebt und uns trotz aller Versuchungen und Gefahren zu Jüngern Christi macht. Deshalb beten wir nach der Teilnahme an der heiligen Kommunion:

> *... Laß diese Gaben mir zur Heilung der Seele und des Leibes sowie zur Abwehr aller feindlichen Mächte gereichen; sie mögen die Augen meines Herzens erleuchten und meinen seelischen Kräften den Frieden bringen, mir einen Glauben verleihen, der mich nicht beschämt, mir zu ungeheuchelter Liebe und zur vertieften Weisheit in der Beachtung deiner Gebote verhelfen! Sie mögen in mir deine göttliche Gnade mehren und mich an deinem Reiche teilhaftig werden lassen! ...*
> *... Verzehre mich nicht, o mein Schöpfer, sondern dringe vielmehr in meine Glieder, in mein Inneres und in mein Herz! ... Merze jede frevelhafte Tat und jede Leidenschaft des Fleisches in mir wie durch Feuer aus, damit ich durch die Kommunion zu deinem Tempel zu werden vermag.*

Und wenn die Fastenzeit und das Fasten die Intensivierung dieses Kampfes bedeuten, dann deshalb, weil wir - gemäß dem Evangelium - dem Bösen und seinen Mächten gegenüberstehen. Und eben aus diesem Grund bedürfen wir der besonderen Hilfe und Kraft dieses göttlichen Feuers; daher die besondere Form des Empfangs der Eucharistie in der Fastenzeit in der Form der Präsanktifikaten, d. h. der bei der eucharistischen Liturgie des vorhergehenden Sonntags geweihten Gaben, die auf dem Altar aufbewahrt werden, um dann mittwochs und freitags abends ausgeteilt zu werden.

An Fasttagen wird keine Eucharistie gefeiert, da die Eucharistiefeier ein fortwährendes Geschehen der Freude ist. Die bleibende Gegenwart der Früchte der Eucharistie hingegen ist in der Kirche spürbar. So wie der »sichtbare« Christus in die Himmel aufgefahren ist, aber unsichtbar in der Welt gegenwärtig bleibt, so wie das nur einmal jährlich gefeierte Pascha mit seinen Lichtstrahlen das ganze Leben der Kirche erfüllt und so wie das noch kommende Reich Gottes indes bereits unter uns weilt, so verhält es sich auch mit der Eucharistie. Als Sakrament und Feier des Reiches, als Fest der Kirche, verträgt sie sich nicht mit dem Fasten und wird deshalb während der Fastenzeit nicht gefeiert; aber als Gnaden- und Machtmittel des Reiches, die in der Welt wirken, als unsere Quelle für die »wesentliche Nahrung« und als unsere Rüstung in unserem geistlichen Kampfe, befindet sie sich genau im Zentrum des Fastens; sie ist wahrlich das himmlische Manna, das uns am Leben erhält während unserer Reise durch die Einöde der Fastenzeit.

2. Die beiden Bedeutungen des Fastens

Nunmehr stellt sich die nächste Frage: Warum nur ist die Feier der Eucharistie für samstags und sonntags der Fastenzeit vorgeschrieben, und zwar ohne das Fasten zu »brechen«, wenn die Eucharistie unvereinbar mit dem Fasten ist? Die Kanones der Kirche scheinen sich hier zu widersprechen[11]. Während die einen das Fasten am Sonntag untersagen, verbieten die anderen ein Brechen des Fastens an jedem der vierzig Tage. Dies ist aber nur ein scheinbarer Widerspruch, denn die beiden Vorschriften, die sich wechselseitig auszuschließen scheinen, beziehen sich auf zwei unterschiedliche Bedeutungen des Begriffs »Fasten«. Das ist wichtig zu verstehen, weil darin die »Orthodoxe Philosophie des Fastens« zum Ausdruck kommt, die für jedes geistliche Mühen von uns wesentlich ist.

Es gibt in der Tat zwei Arten zu fasten, die beide ihre Wurzeln in der Schrift und der Tradition haben und die zwei unterschiedlichen Bedürfnissen, zwei Verfassungen des Menschen entsprechen. Die erste Art kann man *totales* Fasten nennen, denn es besteht in einer totalen Enthaltung von Nahrung und Getränken. Die zweite Art läßt sich als *asketisches* Fasten definieren, da es vor allem in der Enthaltung von gewissen Speisen und in einer substantiellen Minderung des Ernährungsumfangs besteht. Das totale Fasten ist seiner Natur nach von kurzer Dauer und im allgemeinen auf einen Tag oder sogar nur auf einen Teil des Tages beschränkt. Seit den ersten Anfängen des Christentums wurde es als eine Form der »Vorbereitung« und des Erwartens, als ein Zustand einer geistlichen Konzentration auf etwas Zukünftiges aufgefaßt. Der physische Hunger entspricht hier der geistlichen Erwartungshaltung der Erfüllung, der »Öffnung« des ganzen Seins der sich ankündigenden Freude. Deshalb finden wir in der liturgischen Tradition der Kirche dieses totale Fasten als die abschließende und höchste Vorbereitung auf ein hohes Fest, auf ein entscheidendes geistliches Ereignis, zum Beispiel am Vorabend von Weihnachten oder von Epiphanie; es ist vor allem das eucharistische Fasten, das die wesentliche Form unserer Vorbereitung auf das messianische Festmahl, am Tisch Christi in seinem Reiche, ausmacht. Der Eucharistie geht stets dieses totale Fasten voraus, das in seiner Dauer schwanken kann, das aber für die Kirche eine notwendige Bedingung für den Empfang der heiligen Mysterien darstellt. Viele Menschen mißverstehen diese Regel. Sie sehen darin nichts anderes als eine altertümliche Vorschrift und sie fragen nach der zwingenden Notwendigkeit für einen leeren Magen, wenn man das Sakrament empfangen möchte. Wenn man den Sinn dieser Vorschrift auf physische und mehr oder weniger physiologische Gesichtspunkte

[11] *Apostolischer Kanon 66*: »Wenn ein Mitglied des Klerus sonntags oder samstags fastet, ausgenommen einzig und allein am Großen Samstag, so sei er seiner Ämter enthoben. Handelt es sich um einen Laien, so sei er exkommuniziert«; s. Trullo, 55,56; Gangra, 18; Peter von Alexandrien, 15. Im entgegengesetzten Sinne jedoch: In Trullo, 56: »Wir haben auch gehört, daß bei den Armeniern und in anderen Regionen einige an den Samstagen und den Sonntagen der Fastenzeit Eier und Käse essen. Deshalb schien es das beste anzuordnen, daß die Kirche Gottes auf der ganzen Welt nur einer einzigen Verfahrensweise folgt und *das Fasten beachtet* ... «

reduziert und sie als einfache Verfahrensweise betrachtet, dann verliert sie natürlich an Bedeutung. Es erstaunt daher nicht, daß der römische Katholizismus, der seit langem die geistliche Konzeption des Fastens durch ein an Rechtsnormen und Erziehungsmaßnahmen orientiertes Verständnis ersetzt hat (s. z. B. die Vollmacht zur Erteilung einer »Dispens« vom Fasten, als ob Gott und nicht der Mensch fasten müßte), das eucharistische Fasten in unseren Tagen praktisch abgeschafft hat. Die wahre Bedeutung des totalen Fastens liegt in der betonten Hervorhebung dieses Zusammenspiels von Vorbereitung und Erfülltwerden, von dem die Kirche lebt; sie steht gleichzeitig in der Erwartung des Eintrittes Christi in »diese Welt« und des Eintrittes dieser Welt in die »kommende Welt«. Wir können hier hinzufügen, daß in der Urkirche dieses totale Fasten mit einem aus dem militärischen Bereich stammenden Begriff bezeichnet wurde, nämlich mit *statio*, womit eine einsatzfähige Truppe im Alarmzustand bezeichnet wurde. Die Kirche wird »Wache stehen« und den Bräutigam erwarten; sie erwartet ihn in Dienstfertigkeit und Freude. So ist das totale Fasten nicht nur ein Fasten der Glieder der Kirche, sondern die Kirche selbst »fastet« in der Erwartung Christi, der zu ihr in der Eucharistie kommt und der kommen wird in Herrlichkeit am Ende der Tage.

Gänzlich anders ist der geistliche Sinn des zweiten Fastentyps, den wir als »asketisch« bezeichnen. Hier besteht das Ziel des Fastens in der Befreiung des Menschen von der jede Ordnung zerstörenden Tyrannei des Fleisches, von dem Ausgeliefertsein des Geistes an den Körper und dessen Begierden. Dies ist die verderbliche Folge der Sünde, die ihren Ausgangspunkt in dem Sündenfall des Menschen hat. Nur durch ein langdauerndes und geduldiges Sich-Mühen kann der Mensch entdecken, daß er »nicht vom Brote allein lebt«; und nur so kann er in sich den Vorrang des Geistes wiederherstellen. Dies erfordert notwendigerweise und durch die Natur der Sache bedingt ein lang anhaltendes Bemühen. Der Faktor *Zeit* ist wesentlich, denn das endgültige Überwinden und Heilen der allgemeinen und umfassenden Krankheit, welche die Menschen schließlich als ihren Normalzustand betrachtet haben, erfordert seine Zeit. Die Kunst des asketischen Fastens wurde verfeinert und vervollkommnet durch die monastische Tradition und dann von der Gesamtkirche übernommen. Es handelt sich dabei um die Anwendung des Wortes Christi an den Menschen, daß die teuflischen Mächte, die den Menschen versklaven, nur »durch Gebet und Fasten« überwunden werden können. Dieses Wort findet seine Begründung in dem Beispiel von Christus selbst, der vierzig Tage fastete und dann dem Satan gegenüberstand; bei diesem Zusammentreffen verkehrt er das Ausgeliefertsein des Menschen an das »Brot allein« in sein Gegenteil und leitet damit gleichzeitig die Befreiung des Menschen ein. Die Kirche hat vier Zeiträume für dieses asketische Fasten festgelegt: die Zeiten vor Ostern, Weihnachten, dem Fest der hl. Apostel Peter und Paul sowie dem Fest des Entschlafens der Allheiligen Gottesgebärerin. Viermal im Jahr lädt uns die Kirche ein, uns innerlich zu läutern und uns von der Beherrschung durch das Fleisch frei zu machen in der geheiligten und heilenden Kraft des Fastens. Und jedesmal hängt sein Erfolg von der genauen Einhaltung einer Reihe von grundsätzlichen Regeln ab, zu deren wichtigste das »Nicht-Unterbrechen« des Fastens, seine Stetigkeit in der Zeit gehört.

Erst diese Unterscheidung der beiden Weisen des Fastens hilft uns, den offenbaren Widerspruch in den Fastenvorschriften aufzulösen. Derjenige Kanon, der das Fasten am Sonntag verbietet, besagt genau genommen, daß an diesem Tag das Fasten vor allem »unterbrochen« wird durch den Empfang der Eucharistie, welche die Erwartung erfüllt und welche Ziel und auch Endpunkt allen Fastens ist. Der Sonntag als Tag des Herrn weist somit über die Fastenzeit wie auch über die Zeit hinaus. Mit anderen Worten: der Sonntag, der Tag des Reiches Gottes, gehört nicht zu jenen Zeitabschnitten in der Fastenzeit, deren Bedeutung als Zeit der Pilgerschaft oder des Unterwegsseins eigens hervorgehoben wird. Der Sonntag bleibt also ein Tag nicht des Fastens, sondern der geistlichen Freude.

Wenn die Eucharistie indessen das *totale* Fasten unterbricht, unterbricht sie jedoch nicht das »asketische« Fasten, das - wie wir schon ausgeführt haben - von Natur aus die *Kontinuität* des Fastenbemühens erfordert. Das heißt, daß die Speisevorschriften, die das asketische Fasten regeln, auch an den Sonntagen der Fastenzeit gelten; Fleisch und Fett sind konkret untersagt, das aber nur wegen des »psychosomatischen« Charakters des asketischen Fastens, weil die Kirche weiß, daß man den Körper einer langen und geduldigen Abstinenzordnung unterziehen muß, wenn man seinen Körper unter Kontrolle bekommen möchte. In Rußland beispielsweise essen die Mönche niemals Fleisch; das bedeutete aber nicht, daß sie Ostern und an anderen Hochfesten fasten würden. In gewisser Weise gehört das asketische Fasten zum christlichen Leben als solchem dazu und sollte von den Christen auch eingehalten werden. Aber die ach so verbreitete Vorstellung von einem Osterfest, das einen nahezu verpflichten würde, im Übermaß zu essen und zu trinken, bleibt eine jämmerliche und schreckliche Karikatur des wahren Geistes des Festes der Auferstehung. Es ist in der Tat zutiefst erschreckend, wenn in einigen Kirchen die Gläubigen geradezu entmutigt werden, die Heilige Osterkommunion zu empfangen; und die herrlichen Worte aus der Katechetischen Rede des heiligen Johannes Chrysostomos zu Ostern »Der Tisch ist beladen, genießet alle! Das Kalb ist gemästet! Niemand gehe hungrig hinaus! ... « werden offenbar *ausschließlich* als Hinweis auf die zum Osterfest so überreich gefüllten Speisekörbe gesehen. Das Fest ist aber eine geistliche Wirklichkeit, dessen angemessener Vollzug eine ebensolche Nüchternheit und geistliche innere Sammlung verlangt wie das Fasten selber.

Man muß deshalb sehr wohl verstehen, daß es keinen Widerspruch gibt zwischen dem Festhalten der Kirche an der Aufrechterhaltung der Abstinenz von gewissen Speisen auch an den Sonntagen der Fastenzeit und einer Verurteilung des Fastens durch sie an den Tagen, an welchen man die Eucharistie feiert. Es ist ebenso klar, daß wir in Wahrheit nur in Befolgung der beiden Regeln und dem gleichzeitigen Beachten der eucharistischen Abfolge von Vorbereitung und Erfüllung sowie des ohne Unterbrechung aufrechterhaltenen Fastenbemühens während »der vierzig der Rettung der Seele dienenden Tage« das geistliche Ziel der Fastenzeit erlangen können.

Dies alles führt uns nunmehr zur Liturgie der Vorgeweihten Gaben, die einen besonderen Platz im kultischen Geschehen der Fastenzeit einnimmt.

3. Die Kommunion am Abend

Das erste und wesentliche Merkmal der Liturgie der Vorgeweihten Gaben (Präsanktifikaten-Liturgie) ist in ihrer Eigenschaft als *Abendgottesdienst* [12]zu sehen. Formal betrachtet handelt es sich um einen Dienst der Kommunion, der auf die Vesper folgt. In den ersten Stadien ihrer Entwicklung entbehrte sie jeder besonderen Feierlichkeit, die sie heute auszeichnet, wodurch ihr Bezug zu dem Abendgottesdienst noch deutlicher hervortrat.

Die erste Frage, die sich folglich stellt, betrifft den vesperalen Charakter dieser Liturgie. Wir wissen bereits, daß in der orthodoxen Tradition immer ein Zeitabschnitt eines totalen Fastens der Eucharistie vorhergeht. Dieser allgemein gültige Grundsatz erklärt sich aus der Tatsache, daß die Eucharistie im Unterschied zu allen anderen Diensten keine ihr eigentümliche *festgesetzte Stunde* kennt, da die Zeit ihrer Feier vor allem von der Art des Tages abhängt, an dem sie gefeiert wird. So schreibt das *Typikon* für ein Hochfest einen sehr frühen Zeitpunkt zur Feier der Eucharistie vor, weil die Vigil die Funktion des Fastens bzw. der Vorbereitung übernimmt. Bei den niederrangigeren Festen ohne Vigil wird die Eucharistiefeier auf einen späteren Zeitpunkt verschoben, so daß sie (theoretisch wenigstens) an einem Tag in der Woche zur Mittagszeit stattfinden könnte. An den Tagen schließlich, an welchen ein strenges oder vollständiges Fasten für den gesamten Tagesverlauf vorgeschrieben ist, wird die Heilige Kommunion - »der Abbruch des Fastens« - am Abend empfangen. Der Sinn all dieser Rubriken, die unglücklicherweise heute vollständig vergessen oder vernachlässigt werden, ist sehr einfach: die Zeit der Feier oder *Kairos* der Eucharistie, die immer das Ende einer Vorbereitung, die Erfüllung einer Erwartung ausdrückt, wird an die Dauer des vollständigen Fastens geknüpft. Dieses vollzieht sich entweder als eine die ganze Nacht über dauernde Vigil oder erfolgt unter Beachtung von Regelungen für den Einzelfall. Und da während der Fastenzeit jeder Mittwoch und Freitag Tage der totalen Abstinenz sind, wird der eucharistische Dienst, der die Erfüllung jenes Fastens ist, erst am Abend zelebriert.

Dieselbe Logik gilt für die *Vorabende* von Weihnachten und Epiphanie, die ebenfalls Tage darstellen, an denen das Fasten total eingehalten wird und an denen man folglich die Eucharistie erst nach der Vesper feiert. Wenn jedoch der Vorabend dieser Feste auf einen Samstag oder Sonntag, also auf einen Tag mit Eucharistiefeier entsprechend orthodoxer Tradition fällt, wird die »totale« Abstinenz auf den Freitag vorverlegt.

Ein anderes Beispiel: Wenn Verkündigung auf einen Wochentag innerhalb der Fastenzeit fällt, ist die Eucharistiefeier für die Zeit nach der Vesper vorgeschrieben. Diese Regeln, die vielen veraltet und den heutigen Bedürfnissen nicht angemessen erscheinen, unterstreichen tatsächlich jedoch das fundamentale Prinzip orthodoxer liturgischer Spiritualität, nämlich daß die Eucharistie immer Ende einer Vorbereitung und das Eintreffen von etwas Erwartetem ist. Und da diese Tage mit totaler Abstinenz und totalem Fasten die ausdrucksstärksten der Kirche sind, werden sie durch die abendliche Kommunion »gekrönt«.

---

[12] Siehe auch meinen Artikel »Fast and Liturgy«, *St. Vladimir's Seminary Quarterly* 1 (1959) 2-10

Für jeden Mittwoch und Freitag der Fastenzeit schreibt die Kirche einen völligen Verzicht auf Nahrungsaufnahme bis Sonnenuntergang vor. Dies zeichnet sie als die Tage für die Kommunion in der Fastenzeit aus, die - wie bereits weiter oben ausgeführt - eine der wesentlichen Mittel und Waffen im geistlichen Kampf während der Fastenzeit darstellt. Tage mit geistlich und körperlich verstärktem Bemühen erhalten ihren eigenen Glanz durch die Erwartung der nächsten Kommunion im Leib und Blut Christi. Diese Erwartung läßt uns in unserem spirituellen wie physischen Bemühen durchhalten; sie macht aus ihm ein auf die Freude der abendlichen Kommunion ausgerichtetes Bemühen: »Ich erhebe meine Augen gegen die Höhen, aus denen mir Hilfe kommt ... «

Welche Ernsthaftigkeit und Gewichtigkeit erlangt ein Tag, an dem ich im Lichte dieses nächsten Treffens mit Christus mich meinen üblichen Beschäftigungen zuwende! Die banalsten und unbedeutendsten Dinge meiner mir vertrauten Umgebung, die meinen Alltag ausfüllen und denen ich keine besondere Bedeutung beimesse, erlangen eine neue Bedeutung! Jedes gesprochene Wort, jede Handlung, jeder Gedanke, der mir durch den Kopf geht, alles wird bedeutsam, einzigartig, unumkehrbar und steht entweder mit meiner »Christus-erwartenden-Haltung« in vollem Einklang oder ist dieser entgegengerichtet. Die Zeit selbst, die wir im allgemeinen so leichtfertig »vergeuden«, bekommt hier ihren wahren Sinn: sie wird zur Zeit-des-Heils oder zur Zeit-der-Verdammnis. Unser ganzes Leben wird zu dem, wozu es durch das Kommen Christi in diese Welt werden wird: zur Auffahrt zu ihm oder zur Flucht in die Ferne vor ihm, in die Dunkelheit und Vernichtung.

Der wahre Sinn des Fastens und der Fastenzeit wird in der Tat nirgends besser und offener enthüllt als an den Tagen mit vesperaler Kommunion. Dies gilt nicht nur für den Sinn der Fastenzeit, sondern auch für den der Kirche und des christlichen Lebens in seiner Ganzheit. In Christus werden das Leben als Ganzes, die Zeit in ihrem vollen Verlauf, die Geschichte, ja selbst der Kosmos zu Erwartung, Vorbereitung, Hoffnung und Auffahrt. Christus ist gekommen; das Reich ist noch »im Kommen«! In »dieser Welt« können wir der Herrlichkeit und der Freude des Reiches nur vorgreifend gewahr werden; soweit wir Kirche sind, verlassen wir diese Welt im Geiste und befinden uns am Tisch des Herrn, an dem wir uns in der Verborgenheit unseres Herzens seines ungeschaffenen Lichtes und Glanzes in stiller Betrachtung erfreuen dürfen. Diese Vorwegnahme wird uns geschenkt, um uns das Reich herbeisehnen und lieben und die allervollkommenste Vereinigung mit Gott an dem noch anbrechenden »abendlosen Tage« erstreben zu lassen. Jedesmal, wenn wir in der Vorwegnahme von »diesem Frieden und dieser Freude des Reiches« gekostet haben, kehren wir in diese Welt zurück und befinden uns dann wieder auf dem langen, schmalen und beschwerlichen Pfad. Von dem Fest kehren wir zurück zum Fasten, zur Vorbereitung und zum Erwarten. Wir erwarten den Abend dieser Welt, der uns zu Teilnehmern an dem »heiteren Licht der heiligen Herrlichkeit Gottes« machen wird, zu Teilnehmern an einem Anfang, der kein Ende kennt.

4. Die Ordnung des Dienstes

In der Urkirche mit ihren wenigen aber um so mehr auf die Probe gestellten Christen bestand der Brauch, den Gläubigen am Ende der sonntäglichen Eucharistiefeier die Geweihten Gaben auszuteilen, damit sie täglich zuhause kommunizieren könnten. Auf diese Weise erfaßte die in der Gemeinde und in der Freude des Tages des Herrn gefeierte Eucharistie die von Zeit und Leben gebildete Ganzheit. Diese Praxis wurde mit der wachsenden Zahl der Gläubigen in der Kirche und der Umwandlung des Christentums in eine Religion der Massen aufgegeben. Dies führte unweigerlich zu einer Abflachung der spirituellen Intensität, die so bezeichnend für die ersten christlichen Generationen war, was die kirchlichen Autoritäten dazu brachte, Maßnahmen gegen den möglichen Mißbrauch der heiligen Gaben zu treffen. Im Westen führte dies zur Erscheinung der täglichen Eucharistiefeier und wurde einer der bezeichnendsten Züge in der westlichen liturgischen Tradition und Frömmigkeit, allerdings auch der Ausgangspunkt zu einem bedeutenden Wandel im Verständnis von der Eucharistie selbst. Nachdem die Eucharistie einmal ihren »festlichen« Charakter verloren und aufgehört hatte, das Fest der Kirche zu sein, und integraler Bestandteil des täglichen Ablaufs geworden war, war der Weg für die sogenannten »Privat-Messen« frei, die nun ihrerseits mehr und mehr alle anderen Elemente des Kultes veränderten. Im Orient hingegen ließ man niemals von der ursprünglichen, eschatologischen, auf das Reich Gottes ausgerichteten, freudigen Grundidee der Eucharistie ab. Und sogar heute noch ist die Göttliche Liturgie - in der Theorie wenigstens - kein bloßer Bestandteil des Alltagszyklus. Ihre Feier ist immer noch ein Fest, und der Tag, an dem man sie feiert, nimmt stets eine spirituelle Färbung an, die an den ›Tag des Herrn‹ erinnert. Wie schon mehrfach betont, ist sie mit dem Fasten unvereinbar und wird nicht an den Wochentagen der Fastenzeit gefeiert. Nach dem Wegfall der täglichen Kommunion zuhause, wurde diese im Orient nicht von einer täglichen Eucharistiefeier abgelöst; wohl entstand eine neue Form der Kommunion mit den seit dem jeweils vorhergehenden Sonntag, dem Tag der »festtäglichen« Zelebration, aufbewahrten Heiligen Gaben. Es ist sehr wahrscheinlich, daß anfänglich der Dienst der Vorgeweihten Gaben nicht auf die Fastenzeit beschränkt, sondern allen Zeiten kirchlichen Fastens gemeinsam war. Aber als die Zahl der Feste höheren und niederen Ranges wuchs und die Zelebrationen der Eucharistie bedeutend häufiger wurden, wurde die Präsanktifikaten-Liturgie zum Hauptkennzeichen der Liturgie der Fastenzeit, und ganz allmählich nahm sie unter Einfluß des der Liturgie der Fastenzeit eigenen Geistes diese »lichtstrahlende Traurigkeit«, von der bereits weiter oben die Rede war, diese einzigartige Schönheit und Feierlichkeit an, was sie zum spirituellen Glanzpunkt des Gebetes der Fastenzeit werden ließ.

Der Dienst beginnt mit der Großen Vesper, deren Eingangsdoxologie bereits »eucharistisch« ausgerichtet ist: »Gepriesen sei das Reich des Vaters und des Sohnes und des Heiligen Geistes! ... « Sie rückt die ganze Zelebration in den Blickwinkel des Reiches, der auch der geistliche Blickwinkel der Fastenzeit und des Fastens ist. Der Vesperpsalm (Ps 103/4): »Lobe den Herrn, meine Seele ... «, wird wie üblich gesungen; es folgen die Große Ektenie und die Psalmodie des achtzehnten Teils oder Kathisma des Psalters. Dieses Kathisma ist für alle Wochentage der Fastenzeit vorgeschrieben; es umfaßt die Psalmen 119/20 bis 133/4, genannt die »Stufenpsalmen«. Sie wurden auf den Stufen des Tempels von Jerusalem als Prozessionsgesang oder als Gesang des Volkes vorgetragen, das sich zum Kult versammelt hatte und sich auf die Begegnung mit Gott vorbereitete:

> *»Ich habe mich gefreut, da sie zu mir sprachen:*
> *Zum Hause des Herrn lasset uns ziehen! ...* « (Ps 121/2,1)
> *»Nun aber preiset den Herrn,*
> *all ihr Diener des Herrn,*
> *die ihr steht nachts im Hause des Herrn.*
> *Erhebt zum Heiligtum eure Hände,*
> *preiset den Herrn!*
> *Der Herr, der Himmel und Erde gemacht hat,*
> *segne dich von Zion aus!«* (Ps 133/4)

Während diese Psalmen gesungen werden, nimmt der Zelebrant das geweihte und seit dem vorhergehenden Sonntag aufbewahrte Brot und legt es auf die Patene; dann wird die Patene vom Altar auf den Tisch der Proskomidie hinübergetragen; dort gibt der Zelebrant den Wein in den Kelch und bedeckt die Heiligen Gaben, wie es vor jeder Liturgie gemacht wird. Es bleibt anzumerken, daß der Priester dieses alles »wortlos« vollzieht. Diese Rubrik unterstreicht die rein praktische Natur dieser Handlungen, denn die eigentlichen eucharistischen Gebete wurden ja bereits bei der eucharistischen Liturgie des Sonntags gesprochen.

Nach dem Einzug und dem vesperalen Hymnus: »Heiteres Licht ... «, liest man die beiden vorgeschriebenen Lesungen aus dem Alten Testament; die eine ist dem Buch *Genesis*, die andere dem Buch der *Sprüche* entnommen. Diese Lesung ist von einem besonderen Ritus begleitet, der uns, zurückführt in die Zeit, in der die Fastenzeit noch auf die Vorbereitung der Katechumenen auf die Taufe ausgerichtet war. Während der Lesung der Genesis wird eine brennende Kerze auf das auf dem Altar liegende Evangeliar gestellt; der Priester nimmt nach Beendigung der Lesung diese Kerze und das Weihrauchfaß und segnet mit ihnen die Versammlung mit den Worten: »Das Licht Christi leuchtet allen!« Die Kerze ist das liturgische Symbol für Christus, das Licht der Welt. Die Tatsache, daß sie während der Lesung aus dem Alten Testament auf dem Evangelium steht, unterstreicht, daß alle Prophetien in Christus, der den Geist seiner Jünger geöffnet hat, »damit sie die Schriften verstehen können«, erfüllt worden sind. Das Alte Testament führt zu Christus, ganz wie die Fastenzeit zur Erleuchtung in der Taufe führt. Das Licht der Taufe, durch das die Katechumenen in Christus integriert werden, öffnet ihnen den Geist für das Verständnis der Lehre Christi.

Nach der zweiten Lesung aus dem Alten Testament schreiben die Rubriken den Gesang von fünf Versen des Vesperpsalmes (Ps 140/1) vor, wobei man mit dem zweiten Vers beginnt: »Laß mein Gebet aufsteigen wie Weihrauch vor Dein Angesicht ... !« Dieser Psalm wurde bereits an der gewohnten Stelle vor dem Einzug gesungen; man kann sich fragen, warum man dieselben Verse ein zweites Mal wiederholt. Aus verschiedenen Anzeichen kann man ableiten, daß ihr Gebrauch auf die ersten Entwicklungsstadien der Präsanktifikaten-Liturgie zurückgeht. Es ist wahrscheinlich, daß diese Verse als Wechselgesang zur Kommunion gesungen wurden, zu einer Zeit, in der die Liturgie noch nicht die ganze Komplexität und Feierlichkeit, die sie heute kennt, erlangt hatte, da sie einfach nur der Austeilung der Kommunion in der Vesper diente.

Heute indessen dienen sie als herrliche Einführung mit Bußcharakter in den zweiten Teil des Dienstes: die Liturgie der Vorgeweihten Gaben im eigentlichen Sinne.

Dieser zweite Abschnitt beginnt mit der Liturgie der Katechumenen, d. h. einer Folge von Gebeten und Bitten speziell für jene, die sich auf die Taufe vorbereiten. Am Mittwoch der vierten Fastenwoche - zu »Mitt-Fasten« - fügt man besondere Gebete und Bitten für die *Photizomenoi* an, »für jene, die zur Erleuchtung sich bereitet haben«. Ein weiteres Mal kommen so der Ursprung und der anfängliche Charakter der Fastenzeit als Vorbereitungszeit auf die Taufe und auf Ostern zur Geltung.

Nach der Entlassung der Katechumenen leiten zwei Gebete zur »Liturgie der Gläubigen« über. In dem ersten erbitten wir die Läuterung unserer Seele, unseres Leibes und unserer Sinne.

> *»... Laß unser Auge sich von jedem schlechten Blick abwenden, laß unser Ohr unnützen Reden unzugänglich sein, laß unsere Zunge rein werden von ungeziemenden Reden! Reinige unsere Lippen, die dich loben, Herr! Mache, daß unsere Hände sich schlechter Dinge enthalten und nur dir Wohlgefälliges tun! Festige alle unsere Glieder und unseren Sinn durch deine Gnade ...«*

Das zweite Gebet bereitet uns auf den Einzug der konsekrierten Gaben vor:

> *»... Denn siehe, sein makelloser Leib und sein lebendigmachendes Blut halten in dieser Stunde ihren Einzug, um auf diesem Tisch des Mysteriums niedergelegt zu werden, unsichtbar begleitet von unzählbaren himmlischen Heerscharen. Verleihe uns, sie in Makellosigkeit zu empfangen, damit unsere geistigen Augen durch sie erleuchtet werden, und wir Söhne des Lichtes und des Tages werden durch die Gaben deines Christus ...«*

Es schließt sich der feierlichste Augenblick des ganzen Dienstes an: die Übertragung der heiligen Gaben auf den Altar. Äußerlich ähnelt dieser Einzug dem Großen Einzug der eucharistischen Liturgie. Seine liturgische und geistliche Bedeutung ist aber eine gänzlich andere. In dem vollständigen Dienst der Eucharistie findet hier der Große Einzug statt. Die Kirche bringt sich selbst, ihr Leben, das Leben ihrer Gläubigen und in Wirklichkeit auch das der gesamten Schöpfung ein als Opfergabe vor Gott, als Gegenwärtigsetzung des einen umfassenden und vollkommenden Opfers Christi. Indem sie sich an Christus erinnert, gedenkt sie all jener, für deren Erlösung und Heil Christus das Leben auf sich genommen hat. Während der Präsanktifikaten-Liturgie gibt es weder Opfergabe, noch Opfer, noch Eucharistie oder Konsekration, es gibt nur das Mysterium der Gegenwart Christi in der Kirche, die in ihr geoffenbart und bezeugt wird.

Es ist hier die geeignete Stelle anzumerken, daß die Orthodoxe Liturgische Tradition im Unterschied zum Lateinischen Brauch, keine Anbetung der eucharistischen Gaben außerhalb der Kommunion - kennt. Aber das von den Vorgeweihten Gaben für die Kommunion der Kranken oder für andere Notfälle *Zurückbehaltene Sakrament* ist eine in sich verständliche Tradition, die in der Orthodoxen Kirche niemals diskutiert wird. Wir haben schon erwähnt, daß in der Urkirche die Praxis gebräuchlich war, sich selbst, bei sich zuhause, die Kommunion auszuteilen. Wir kennen somit die dauernde

Gegenwart der Heiligen Gaben und gleichzeitig das *Fehlen* ihrer anbetenden Verehrung. Durch das Festhalten am Nebeneinanderbestehen beider Verhaltensweisen konnte die Orthodoxie die gefährliche, im Westen übliche rationalistische Betrachtungsweise des Sakramentes vermeiden. Veranlaßt durch den Wunsch, auf der Tatsache der »wirklichen Gegenwart« Christi in den eucharistischen Gaben zu beharren, haben die Lateiner tatsächlich die Anbetung von der Kommunion getrennt. Hierdurch haben sie von der spirituellen Auffassung über das wirkliche Ziel der Eucharistie und, ehrlich gesagt, der Kirche selbst, einer gefährlichen Abweichung das Tor geöffnet. Denn das Ziel der Kirche und ihrer Sakramente besteht nicht darin, Teile oder einzelne Elemente der Materie zu »heiligen«, noch sie in Gegensatz zu bringen zu den profanen Elementen, indem sie diese heiligt oder weiht. Ihr Ziel ist es, das Leben des Menschen zu einer Kommunion mit Gott werden zu lassen, zu einer Erkenntnis Gottes, zu einer Auffahrt zu dem Reich Gottes hin. Die eucharistischen Gaben sind die *Mittel* dieser Kommunion, die Nahrung für dieses neue Leben; sie sind aber kein Selbstzweck. Denn das Reich Gottes »ist nicht Speise und Trank, sondern Frieden und Freude im Heiligen Geiste«. So wie in dieser Welt die Nahrung ihre Funktion nur dann erfüllt, wenn sie verzehrt und auf diese Weise in Leben umgewandelt wird, so wird uns das Neue Leben der zukünftigen Welt durch die Teilnahme an der »Speise der Unsterblichkeit« geschenkt. Die Orthodoxe Kirche enthält sich folglich jeder Verehrung und Anbetung des Sakramentes außerhalb der Kommunion, weil die einzig wahre Anbetung darin besteht, daß wir durch die Teilhabe an dem Leib und dem Blut Christi »in dieser Welt so wirken, wie er es getan hat«.

Die Protestanten neigen aus Furcht vor einer Deutung der Sakramente als »magische Erscheinung« dazu, diese zu »vergeistigen«, bis zur Leugnung der Gegenwart des Leibes und des Blutes Christi außerhalb des Aktes der Kommunion. Auch hier bewirkt die Orthodoxe Kirche durch die Praxis der Aufbewahrung der Heiligen Gaben eine Gleichgewichtigkeit. Die Gaben werden *für* die Kommunion ausgeteilt; aber das Wirklichkeit*werden* der Kommunion steht und fällt mit dem Wirklichkeit*sein* der Gaben. Die Kirche spekuliert nicht über die Art und Weise der Gegenwart Christi in den GABEN. Sie untersagt ihre Verwendung zu jedem anderen Zweck als dem der Kommunion. Sie offenbart nicht, wenn man so sagen kann, diese Präsenz außerhalb der Kommunion, aber sie glaubt fest daran, daß, so wie das noch auf uns zukommende Reich »bereits unter uns ist« und so wie der in die Himmel aufgefahrene und zur Rechten des Vaters sitzende Christus bis ans Ende der Welt mit uns ist, ebenso die Speise der Unsterblichkeit als Mittel der Vereinigung mit Christus und seinem Reiche immer in der Kirche gegenwärtig ist.

Diese theologische Bedeutung führt uns zur Präsanktifikaten-Liturgie und zur »Epiphanie« der Geheiligten Gaben, welche in ihr den feierlichen Höhepunkt darstellt. Dieser »Große Einzug« entwickelte sich aus der Notwendigkeit, die Geheiligten Gaben zu übertragen, die anfänglich nicht auf dem Altar, sondern an einer besonderen Stelle, die sich zuweilen außerhalb des Kirchenraumes befand, aufbewahrt wurden. Diese Überführung verlangt naturgemäß eine große Feierlichkeit, da sie doch als der liturgische Ausdruck der Wiederkunft Christi gilt, die zum Ende eines unter Fasten und in erwartendem Beten verbrachten langen Tages in dem Kommen dieser so inständig erwarteten Hilfe, Stärkung und Freude ihren Ausdruck findet:

> *»Jetzt dienen die himmlischen Mächte unsichtbar mit uns. Denn siehe, der König der Herrlichkeit tritt ein! Siehe, das vollendete Mysterium des Opfers, von Scharen begleitet, tritt ein. Lasset uns nahen in Glaube und Verlangen, damit wir des Ewigen Lebens teilhaftig werden. Alleluja, Alleluja, Alleluja!«*

Die Heiligen Gaben werden auf den Altar gestellt und wir bitten zur Vorbereitung auf die Kommunion, daß

> *»unser aller Seelen und Leiber eine unverlierbare Heiligung erfahren mögen, damit wir mit reinem Gewissen, mit unbeschämten Angesicht und mit erleuchtetem Herzen an diesen Göttlichen geweihten Gaben teilhaben dürfen, um, von ihnen belebt, mit Christus selbst vereinigt zu werden .... der ja gesagt hat: ›Wer mein Fleisch ißt und mein Blut trinkt, der bleibt in mir und ich in ihm‹ ... und damit wir zum Tempel des Heiligen und anbetungswürdigen Geistes werden und, von jeder Nachstellung des Teufels befreit, ... die uns verheißenen Güter mit allen Heiligen zu erlangen vermögen ...«*

Es folgt das Gebet des Herrn, das stets den Abschluß der Vorbereitung auf die Kommunion bildet; denn, da es das Gebet Christi selbst ist - sein Gebet an seinen Vater -, bedeutet dies, daß wir uns die Empfindungen Christi, sein Beten, sein Wollen, sein Verlangen, sein Leben zu eigen machen.

Nunmehr beginnt die Kommunion, während die versammelten Gläubigen den Kommunionsvers singen: »Kostet und sehet, wie gütig der Herr ist!«

Schließlich werden wir nach Beendigung des Dienstes eingeladen, »in Frieden zu ziehen«.

Das letzte Gebet faßt den Sinn dieses liturgischen Dienstes, der abendlichen Kommunion und den Bezug zu unserem Fastenbemühen zusammen:

> *»Allmächtiger Herr, der du alles in Weisheit geschaffen und uns durch deine unaussprechliche Vorsehung und große Güte in diese hochheiligen Tage eingeführt hast, zur Reinigung unseres Leibes und unserer Seele, zur Beherrschung unserer sinnlichen Leidenschaften und zur Hoffnung auf die Auferstehung; Du, der du nach vierzig Tagen deinem Diener Moses die Gesetzestafeln mit den Geboten gegeben hast, verleihe auch uns, o Einzig-Guter, den guten Kampf zu kämpfen, den Lauf des Fastens zu vollenden, den Glauben unverletzt zu bewahren, die Köpfe der unsichtbaren Schlangen zu zertreten, den Siegern über die Sünde zugerechnet zu werden und ohne Schuld zur Anbetung deiner heiligen Auferstehung zu gelangen ...«*

Zur Zeit noch kann draußen Nacht herrschen, und diese Nacht, in die wir eintreten, in der wir leben, kämpfen und uns bewähren müssen, kann noch lang sein. Aber das Licht, das wir gerade gesehen haben, wird, diese schon jetzt erhellen. Das Reich Gottes, auf dessen Gegenwart in dieser Welt scheinbar nichts hinweist, ist uns bereits »in geheimnisvoller Weise« gegeben worden; seine Freude und sein Friede begleiten uns, während wir darangehen, »den Lauf des Fastens« zu vollenden.

Kapitel Vier

Die Fastenzeit als Reise

1. Der Beginn: Der Große Kanon[13]

Man muß nun zu der Idee der Fastenzeit und dem zurückkehren, als was sie erfahren werden soll: als geistliche Reise, deren Ziel es ist, uns aus einem geistlichen Zustand in einen anderen hinüberzugeleiten. Wie wir bereits ausgeführt haben, verkennt eine große Zahl von Christen heutzutage dieses Ziel; sie betrachtet die Fastenzeit vielmehr nur als eine Zeitspanne, während der man seiner religiösen Verpflichtung - der »jährlichen« Kommunion - nachkommen und sich Einschränkungen in der Ernährung unterwerfen »muß«, die dann jedoch schnell durch die Freiheiten der österlichen Zeit wieder wettgemacht werden. Und da nicht nur die Laien, sondern auch viele Priester diese simplifizierende und formalistische Sichtweise der Fastenzeit übernommen haben, ist ihr wahrer Sinn aus dem Leben beinahe völlig verschwunden. Die Erneuerung der Auffassung von der Fastenzeit in liturgischer und geistlicher Hinsicht ist eine der dringlichsten Aufgaben; sie kann aber nur verwirklicht werden, wenn sie auf einem authentischen Verständnis der liturgischen Abfolge und der Gliederung der Fastenzeit fußt.

Zu Beginn der Fastenzeit, gleichsam als feierliche Einführung in sie, als »Stimmgabel«, welche die ganze »Melodie« anstimmt, finden wir den großen *Bußkanon des heiligen Andreas von Kreta*. In vier Teile unterteilt, wird er jeweils am Abend der vier ersten Tage der Fastenzeit während der Großen Komplet gelesen. Das beste, was man über ihn sagen könnte, ist, daß uns in ihm, wie durch ein in Bußgesinnung ausgedrücktes Wehklagen, das ganze Ausmaß und die Tiefe der Sünde, welche die Seele in Verzweiflung, Reue und Hoffnung erbeben läßt, vor Augen geführt werden. Außerordentlich kunstvoll weiß der heilige Andreas das Sündenbekenntnis und das Bereuen mit den großen biblischen Themen - Adam und Eva, Paradies und Sündenfall, Patriarchen, Noah und Sintflut, David, Verheißenes Land sowie endlich Christus und Kirche - miteinander zu verweben. Die Ereignisse der Heilsgeschichte enthüllen sich als Ereignisse meines Lebens; die Taten Gottes in der Vergangenheit sind Handlungen, die auf mich und mein Heil abzielen; die Tragödie der Sünde und des Verrates sind meine ganz persönliche Tragödie. Mein Leben erscheint vor meinen Augen als Teil dieses gigantischen und alles umfassenden Kampfes zwischen Gott und den Mächten der Finsternis, die sich gegen ihn erheben.

Der Kanon beginnt mit dieser zutiefst persönlichen Bemerkung:

---

[13] Zu dem hl. Andreas von Kreta s. *Krumbacher*, I, S. 165, 11, S. 673; *E. Wellesz*, A History of Byzantine Music and Hymnography, Oxford 1949, S. 174 ff., 202 ff.

»Womit soll ich beginnen, wenn ich die Werke meines armseligen Lebens beweine? Welches werden die Eingangsworte dieses Klagegesanges sein können, o Christus? ... «

Die eine wie die andere meiner Sünden zeigt sich in ihrem tiefen Zusammenhang mit dem fortdauernden Drama der Beziehung des Menschen zu Gott; die Geschichte des Sündenfalls des Menschen ist meine Geschichte:

»Das Vergehen Adams habe ich mir zu eigen gemacht, und meiner Sünden wegen weiß ich mich von Gott verlassen, beraubt des ewigen Königreiches und des Segens ... «

Alle göttlichen Gaben habe ich verloren:

»... Befleckt habe ich das Gewand meines Körpers,
besudelt das Bild und Ebenbild Gottes ...
Verfinstert habe ich die Schönheit meiner Seele;
In Stücke riß ich mein Erstgewand,
das mir mein Schöpfer gewoben hat,
und so liege ich hier in meiner Blöße!«

So entrollen die neun Oden des Kanons an vier aufeinanderfolgenden Abenden wieder und wieder die geistliche Geschichte dieser Welt, die auch meine Geschichte ist. Sie konfrontieren mich mit den Ereignissen und entscheidenden Handlungen der Vergangenheit, deren Bedeutung und Tragweite insofern Ewigkeitscharakter haben, als jede Menschenseele - in ihrer Einzigartigkeit und Unersetzbarkeit - sozusagen dasselbe Drama durchläuft, sich denselben Entscheidungsnotwendigkeiten gegenübersieht und dieselbe letzte Wirklichkeit entdeckt.

Die Beispiele aus der Schrift sind mehr als reine »Allegorien«, wie viele meinen, die dann auch diesen Kanon für »überfrachtet«, zu »überladen« halten wegen der nichtssagenden Namen und Episoden. Warum, fragen sie, soll man über Kain, Abel, David und Salomon sprechen, wenn es doch so viel einfacher ist zu sagen: Ich habe gesündigt? Was sie allerdings nicht verstehen, ist, daß gerade das Wort *Sünde* in der biblischen und christlichen Tradition eine Tiefe, eine Bedeutungsschwere hat, die der moderne Mensch zu erfassen einfach nicht mehr in der Lage ist, und die aus seinem Sündenbekenntnis etwas macht, was von dem wahren christlichen Bereuen sehr verschieden ist. Die Kultur, in der wir leben und die unsere Vorstellung von der Welt formt, schließt in der Tat den Begriff der Sünde aus. Denn wenn die Sünde vor allem als Fall des Menschen aus allerhöchster Höhe und als Zurückweisung dieser »hohen Berufung« durch den Menschen zu verstehen ist, was könnte das alles auf dem Hintergrund einer diese »Berufung« und diese »große Höhe« ignorierenden und leugnenden Kultur bedeuten, die den Menschen nicht »von oben«, sondern »von unten« definiert und die, obgleich sie Gott nicht offen leugnet, tatsächlich jedoch durch und durch materialistisch ist und das Leben des Menschen ausschließlich in den Kategorien von materiellen Gütern versteht und seine transzendentale Berufung nicht wahrhaben will? In diesem Zusammenhang wird die Sünde in erster Linie als eine »natürliche Schwäche« angesehen, die gewöhnlich von einem »Nichtangepaßtsein« herrührt, das seinerseits gesellschaftliche Wurzeln hat und das somit durch eine bessere wirtschaftliche und gesellschaftliche Organisationsform überwunden werden könnte. Deshalb bereut der moderne Mensch nicht mehr, selbst wenn er seine Sünden beichtet. Entsprechend seinem Verständnis von Religion zählt er entweder in einer formalistischen Weise seine Übertretungen nach den konventionellen Regeln einfach auf oder teilt seine »Probleme« dem Beichtvater mit in Erwartung einer durch die Religion zu erbringenden therapeutischen Behandlung, die ihn von neuem glücklich machen und mit seiner Umgebung versöhnt zurücklassen soll. In keinem Fall aber haben wir ein Bereuen, das den Menschen erschüttert, der nunmehr erkennen muß, daß er »das Bild der unaussprechlichen Herrlichkeit« in sich beschmutzt, verraten und in seinem Leben zurückgewiesen hat; in *keinem* Fall handelt es sich um ein Bereuen als ein Bedauern, das den tiefsten Tiefen des menschlichen Gewissens entspringt; in keinem Fall ist es das Verlangen nach Umkehr, das Sich-Verlieren an die Liebe und an das Erbarmen Gottes. Deshalb genügt es nicht zu bekennen »Ich habe gesündigt«. Dieses Bekenntnis hat nur Sinn und Wirksamkeit, wenn die Sünde in ihrer ganzen Tiefe und Traurigkeit verstanden und erfahren wird.

Das sind genau genommen die Funktion und das Anliegen des Großen Kanons, uns das Wesen der Sünde aufzuzeigen und uns danach zur Reumütigkeit zu führen. Er erklärt Sünde jedoch nicht über Definitionen und Aufzählungen, sondern über ein in die Tiefe gehendes betrachtendes Überdenken der in der Bibel breit dargelegten Geschehnisse, die in Wirklichkeit eine Geschichte der Sünde, des Bereuens und des Verzeihens sind. Diese Betrachtung führt uns in eine anders geartete geisterfüllte Welt; sie bietet uns eine ganz andere Sicht auf den Menschen, auf sein Leben, auf seine Zielsetzungen und Beweggründe. Sie erneuert in uns den grundlegenden geistlichen Rahmen, in dessen Innerem ein Bereuen erst wieder möglich wird. Wenn wir beispielsweise hören:

> *»Der Gerechtigkeit Abels habe ich nicht nachgeeifert, o Jesus!*
> *Noch habe ich dir eine wohlgefällige Opfergabe oder gottgefällige Werke oder ein reines Opfer oder ein untadeliges Leben dargebracht ... «,*

verstehen wir, daß die Schilderung des ersten Opfers, das so beiläufig in der Bibel wiedergegeben wird, uns etwas Wesentliches über unser eigenes Leben und den Menschen an sich aufzeigt. Wir verstehen, daß die Sünde vor allem in der Zurückweisung des Lebens besteht, das Gott als Opfergabe dargeboten wird; mit anderen Worten, die Weigerung der Ausrichtung des Lebens auf Gott; wir verstehen, daß die Sünde von ihren Wurzeln her gesehen in der Abwendung unserer Liebe von ihrem höchsten Gegenüber besteht. Erst diese Erkenntnis erlaubt uns eine Feststellung, die unserer »modernen« Lebenserfahrung zwar vollkommen fremd ist, aber nichtsdestoweniger für uns ihre »existentielle« Wahrheit wiedererlangt hat:

> *»Den Staub mit Leben erfüllend, hast du mir Fleisch und Gebein geformt und mir Lebensodem eingehaucht! O Schöpfer, Erlöser und Richter: nimm meine Bußfertigkeit an.«*

Zum besseren Verständnis des Großen Kanons benötigt man sicherlich eine gewisse Kenntnis der Bibel und die Fähigkeit, in seinen Meditationen seine Bedeutung für uns auszumachen. Wenn so viele Menschen heutzutage die Bibel langweilig und bedeutungslos finden, so liegt das daran, daß ihr Glaube nicht mehr aus der Quelle der Heiligen Schriften genährt wird, die für die Kirchenväter *die* Quelle des Glaubens waren. Wir werden es wieder lernen müssen, uns in die Welt, so wie die Bibel sie aufzeigt, hineinzuversetzen und in ihr zu leben. Es gibt keinen besseren Zugang zu dieser Welt als den durch die Liturgie der Kirche, die uns nicht nur die biblischen Unterweisungen vermittelt, sondern auch uns zuverlässig in eine bibelorientierte Lebensweise einführt.

Die Reise der Fastenzeit beginnt also mit einer Rückkehr zum »Ausgangspunkt«: der Welt zum Zeitpunkt der Schöpfung, des Sündenfalls, der Erlösung; der Welt, in der alle Dinge beredtes Zeugnis von Gott ablegen, seine Herrlichkeit widerspiegeln; einer Welt, in der alle Ereignisse in Beziehung zu Gott stehen und in welcher der Mensch die wahre Dimension seines Lebens findet und in der er, sobald er sie gefunden hat, bereut.

2. Die Samstage der Fastenzeit

Die Väter vergleichen die Fastenzeit häufig mit den vierzig Jahren, während denen das auserwählte Volk durch die Wüste zog. Aus der Bibel wissen wir, daß Gott während dieser Wanderung viele Wunder vollbrachte, um sein Volk vor der Verzweiflung zu bewahren und um ihm seinen letzten Ratschluß kundzutun. In Analogie hierzu deuten die Väter die vierzig Tage der Fastenzeit in derselben Weise.

Das Endziel der Fastenzeit ist Ostern, das verheißene Land des Reiches Gottes; und dementsprechend gewährt uns die Fastenzeit an jedem Wochenende einen besonderen »Zwischenhalt«, der wie eine Vorwegnahme dieses Zieles zu sehen ist. Gemeint sind die beiden eucharistischen Tage, der Samstag und der Sonntag, denen in der als geistliche Reise aufgefaßten Fastenzeit eine besondere Bedeutung zukommt.

Zunächst zum Samstag. Seine in unserer Tradition besondere liturgische Ordnung und das Fehlen der Fastenzeit eigenen Merkmale an diesem Tage erfordern eine Erklärung. Vom Standpunkt der »Rubriken« aus, ist der Samstag, wie wir bereits ausgeführt haben, ein Tag nicht des *Fastens*, sondern des *Feierns*, weil Gott selbst ihn als Festtag eingesetzt hat: »Und Gott segnete den siebten Tag und heiligte ihn, denn an ihm ruhte er von seinem ganzen Schöpfungswerk« (Gen 2,3). Niemand kann ungeschehen machen oder aufheben, was Gott begründet hat. In der Tat glauben viele Christen, daß die göttliche Einsetzung des Sabbat einfach auf den Sonntag übertragen worden sei, der somit für die Christen der Tag der Ruhe oder des Sabbat geworden sei. Diese Auffassung wird aber in der Schrift oder der Tradition durch nichts gestützt. Im Gegenteil, für die Väter und die gesamte Tradition der Urkirche, die den Sonntag als ersten oder achten Tag zählt, bleibt der Samstag für immer der siebte Tag, der von Gott gesegnete und geheiligte Tag. Dies unterstreicht, daß sich der Sonntag vom Samstag unterscheidet und diesem sogar, in einer gewissen Weise entgegensteht. Es ist der Tag, an dem die Schöpfung als »sehr gut« erkannt wurde; dies ist seine Bedeutung im Alten Testament, eine Bedeutung, die Christus selbst und die Kirche bewahrt haben. Hierdurch wird ausgedrückt, daß die Welt trotz der Sünde und des Sündenfalles die *gute* Schöpfung Gottes bleibt; sie bewahrt dieses wesenhafte Gutsein, dessen sich der Schöpfer erfreute: »Und Gott sah alles, was er gemacht hatte, und siehe, es war sehr gut« (Gen 1,13). Den Sabbat entsprechend seines ursprünglichen Sinnes einhalten, bedeutet also, daß das Leben sinnvoll, glücklich und schöpferisch sein kann, weil es von Gott geschaffen wurde. Und auf dem Sabbat als dem Tag der Ruhe, an dem wir uns der Früchte unserer Arbeit und unserer Tätigkeiten erfreuen, ruht für immer der Segen, den Gott der Welt und ihrem Leben geschenkt hat. Diese *Kontinuität* zwischen der christlichen Vorstellung und der des Alten Testamentes vom Sabbat schließt nicht nur nicht eine *Diskontinuität* aus, sondern erfordert sie in der Tat zwingend. In Christus bleibt schließlich nichts so wie es war, denn in ihm ist alles erfüllt, überhöht und mit einem neuen Sinn angetan. Wenn der Sabbat in seiner höchsten spirituellen Ausprägung die Gegenwart des göttlichen »sehr gut« in dem eigentlichen Gefüge dieser Welt ist, dann ist es »diese Welt«, die in Christus in neuem Licht geoffenbart wurde und die durch ihn erneuert wurde. Christus eröffnet dem Menschen das Reich Gottes, das »nicht von dieser Welt ist«. Das ist die Bresche, die - für einen Christen - »alles erneuert«. Das Gutsein der Welt und aller Dinge, die sie enthält, steht jetzt in Beziehung zu ihrer endgültigen Vollendung in Gott, zu dem *im Kommen begriffenen* Reich, das sich in seinem ganzen Glanze am Ende »dieser Welt« zeigen wird. Lehnt diese Welt Christus ab, dann erweist es sich, daß sie sich in der Gewalt des »Fürsten dieser Welt« befindet und »im Bösen liegt« (1 Joh 5,19). Der Weg zu ihm erfolgt nicht durch Entwicklung, durch Verbesserung oder »Fortschritt«, sondern durch das Kreuz, den Tod und die Auferstehung. »Es wird nicht mit Leben erfüllt, was nicht zuvor gestorben ist« (1 Kor 15,36). Ein Christ lebt somit ein »doppeltes Leben«, nicht in dem Sinn einer Gegenüberstellung seiner »weltlichen« und seiner »religiösen« Tätigkeiten, sondern in dem Sinn, daß er in seinem jetzigen Leben in seiner Ganzheit einen Vorgeschmack und eine Vorbereitung auf das Reich bewirkt und daß er jede seiner Einzelhandlungen zu einem Zeichen, einer Bestätigung und einem Erwarten dessen, »was noch kommen soll«, werden läßt. Das ist der scheinbar paradoxe Sinn des Evangeliums: das Reich Gottes ist »mitten« unter uns und das Reich Gottes ist »im Kommen begriffen«. Sofern man das Reich nicht mitten im Leben entdeckt, kann man in ihm nicht den Gegenstand der Liebe, der Erwartung und des Verlangens sehen, wozu uns das Evangelium aufruft. Man kann noch an Bestrafung oder Belohnung nach dem Tode glauben, aber man würde die Freude und die Intensität des christlichen Gebetes nicht verstehen: »Dein Reich komme!«; »Komm Herr Jesus!« Christus *ist gekommen*, damit wir ihn *erwarten* können. Er ist in unser Leben, in die Zeit eingetreten, damit das Leben und die Zeit zu einem Durchgang werden können, zu einem Hinüberschreiten in das Reich Gottes.

Der Sabbat, der Tag der Schöpfung, der Tag »dieser Welt« ist in Christus zum Tag des Erwartens, zu dem Tag, der dem Tag des Herrn *vorausgeht*, geworden. Die Umgestaltung des Sabbat fand am Großen und Heiligen Sabbat statt, an dem Christus, »nachdem er alle seine Werke vollbracht hatte«, im Grabe ruhte. Am folgenden Tage, »dem ersten nach dem Sabbat« sprudelte das Leben aus dem lebendigmachenden Grab hervor und »Freuet euch!« wurde den Myrrhenträgerinnen verkündet. Die Jünger »in ihrer Freude weigerten sich, daran zu glauben und staunten«. Und der erste Tag der Neuen Schöpfung war angebrochen. An diesem neuen Tag nimmt die Kirche teil, denn an ihm, einem Sonntag, tritt sie in die Schöpfung ein. Sie lebt und geht ihren Weg jedoch noch in dem Zeitalter »dieser Welt«, die in ihrer mystischen Tiefe zu einem Sabbat geworden ist, denn es gilt das Wort des Apostels Paulus: »... Ihr seid ja gestorben, und euer Leben ist mit Christus verborgen in Gott. Wenn Christus, unser Leben, erscheint, dann werdet auch ihr mit ihm erscheinen in Herrlichkeit« (Kol 3,3-4).

All das erklärt den einzigartigen Rang des Samstages, des siebten Tages, in der liturgischen Überlieferung mit seinem doppelten Charakter als Tag des *Festes* und als Tag des *Todes*. Ein Fest deshalb, weil in dieser Welt und in dieser Zeit Christus den Tod besiegt und sein Reich begründet hat und weil seine Fleischwerdung und seine Auferstehung die Erfüllung der Schöpfung darstellen, an der Gott von Anbeginn an seine Freude hatte. Ein Tag des Todes deshalb, weil in dem Tode Christi die Welt gestorben ist. Ihr Heil, ihr Erfülltwerden und ihre Verklärung befinden sich jenseits des Grabes, in »dem zukünftigen Zeitalter«. Alle Samstage des liturgischen Jahres erhalten ihre Bedeutung von zwei entscheidenden Samstagen: dem der Auferweckung des Lazarus, die in dieser Welt stattfand und welche auf die Ankündigung und Zusicherung der universalen Auferweckung hinweist; und dem des Großen und Heiligen Sabbats von Ostern, an dem der Tod selbst umgestaltet und zum »Hinübergang« zu dem Neuen Leben einer Neuen Schöpfung wurde.

Während der Fastenzeit erlangt die Bedeutung des Samstages eine besondere Intensität, denn das genaue Ziel der Fastenzeit besteht in dem Wiederentdecken des christlichen Sinns dieser Zeit als Vorbereitung und Pilgerschaft, im Wiederentdecken des Sinns der Situation des Christen, welche die eines »Fremdlings« und eines »Ausgestoßenen« (1 Petr 2,11) in dieser Welt ist. Diese Samstage setzen das Bemühen in der Fastenzeit in Beziehung zur zukünftigen Vollendung und geben somit der Fastenzeit ihren speziellen Bewegungsablauf mit. Einerseits ist der Samstag in der Fastenzeit ein eucharistischer Tag, gekennzeichnet durch die Feier der Göttlichen Liturgie des heiligen Johannes Chrysostomos; Eucharistie bedeutet immer *Fest*. Der besondere Charakter dieses Festes jedoch liegt in seiner Bezugnahme auf die Fastenzeit als Zeit des Unterwegsseins, der Geduld und des Abmühens. So wird es zu einem »Innehalten«, wobei wir die Bestimmung dieser Reise überdenken können. Dies drückt sich klar in der Folge der Samstagslesungen der Fastenzeit aus, die dem Briefe an die Hebräer entnommen sind. Die Typologie der Heilsgeschichte, der Pilgerschaft, der Verheißung und des Glaubens an die zukommenden Dinge nimmt darin einen besonderen Platz ein.

Am *ersten* Samstag hören wir die erhabene Einleitung in dem Brief an die Hebräer (Hebr 1,1-12) mit der feierlichen Bekräftigung der Schöpfung, der Erlösung und des ewigen Gottesreiches:

> *»... Vielmals und auf mancherlei Art hatte Gott von alters her zu den Vätern gesprochen durch die Propheten. In der Endzeit dieser Tage hat er zu uns gesprochen durch den Sohn, den er zum Erben des Alls eingesetzt, durch den er auch die Welten geschaffen hat ... Du aber bist derselbe, und deine Jahre werden nicht zuende gehen ...«*

Wir leben in diesen »letzten Tagen«, den Tagen höchster Anspannungen. Wir befinden uns noch im »Heute«, aber das Ende ist nahe. Am *zweiten* Samstag hören wir (Hebr 3,12-16):

> *»Seht zu, Brüder, daß nicht in irgendeinem von euch ein böses und ungläubiges Herz aufkomme, das zum Abfall vom lebendigen Gott*

> *führt, vielmehr ermahnet einander Tag für Tag, solange es noch ›heute‹ heißt ... Sind wir doch Teilhaber Christi geworden, vorausgesetzt, daß wir die anfängliche Glaubenszuversicht bis ans Ende unerschütterlich bewahren ...«*

Der Kampf ist schwer. Das Leiden und die Versuchungen sind der Preis, der für bessere und dauerhafte Güter zu entrichten ist. Deshalb ermahnt uns die Epistel des *dritten* Samstages (Hebr 10,32-38) mit den Worten:

> *»So werft nun eure Zuversicht nicht weg, die ja einen großen Lohn hat. Ausdauer tut euch nämlich not, damit ihr nach Erfüllung des göttlichen Willens die Verheißung erlangt. Denn nur noch eine kleine Weile, dann wird kommen, der da kommen soll, und er wird nicht säumen ...«*

Glaube, Hoffnung und Liebe sind die Waffen dieses Kampfes, wie die Epistel des *vierten* Samstages (Hebr 6,9-12) bekräftigt

> *»... denn Gott ist nicht ungerecht, daß er übersähe euer Tun und die Liebe zu seinem Namen, die ihr bekundet habt und jetzt noch bekundet, indem ihr den Heiligen dientet. Wir aber wünschen, daß ein jeder von euch den gleichen Eifer an den Tag lege, um zur vollen Wirklichkeit der Hoffnung bis ans Ende zu gelangen, damit ihr nicht träge werdet, vielmehr Nachahmer derer, die durch Glauben und Ausdauer Erben der Verheißung sind.«*

Die Zeitdauer verkürzt sich, die Erwartung wird sehnlicher und die Zuversicht freudiger: das ist der Ton der Epistel des *funften* Samstages (Hebr 9,24-28):

> *»... So wird auch Christus, nachdem er ein einziges Mal als Opfer dargebracht worden ist, um die Sünden vieler auf sich zu nehmen, zum zweitenmal ohne Sünde erscheinen, denen zum Heil, die sehnlich seiner harren«.*

Dies ist die letzte Epistel vor dem Lazarus-Samstag, an dem wir beginnen, von der Zeit des Harrens zu der der Erfüllung überzugehen.

Die Gleichnisse des Evangeliums der Samstage der Fastenzeit sind dem *Evangelium des hl. Markus* entnommen, die ihrerseits eine Folge bilden.

Der Schlüssel zum Verständnis wird uns am *ersten* Samstag geliefert: Christus bricht die heuchlerischen Tabus des jüdischen Sabbats, indem er verkündet, daß

> *»der Sabbat um des Menschen willen und nicht der Mensch um des Sabbat willen geschaffen sei. Darum ist der Menschensohn Herr auch über den Sabbat«* (Mk 2,23-3,5).

Ein neues Zeitalter zieht herauf, die Neu-Schöpfung des Menschen bricht an. Am *zweiten* Samstag hören wir den Leprakranken zu Christus sprechen:

> *»... wenn du willst, kannst du mich rein machen. Und Christus antwortet ihm: Ich will, sei rein.«* (Mk 1,35-44).

Am *dritten* Samstag sehen wir Christus alle Tabus brechen und »*mit den Zöllnern und Sündern essen*« (Mk 2,14-17).

Am *vierten* Samstag antwortet das Evangelium auf das »sehr gut« aus der Genesis (Gen 1) mit dem freudigen Ausruf:

> »*Gut hat er alles gemacht. Die Tauben macht er hören und die Stummen reden*« (Mk 7,31-37).

Schließlich gipfelt alles am *fünften* Samstag in dem entscheidenden Bekenntnis des Petrus: »*Du bist Christus*« (Mk 8,29).

Dies bedeutet die Annahme des Mysteriums Christi, des Mysteriums der Neuen Schöpfung.

Die Samstage der Fastenzeit kennen, wie wir bereits weiter oben gesagt haben, eine zweite Thematik oder Dimension: die des Todes. Mit Ausnahme des ersten Samstages, der der Überlieferung gemäß dem heiligen Theodoros Teron geweiht ist und dem fünften, dem Akathistos-Samstag, sind die drei übrigen Samstage Tage des universalen Gedenkens aller jener, die »in der Hoffnung auf die Auferweckung und das Ewige Leben« im Herrn entschlafen sind. Wie schon erwähnt, dient dieses Gedenken der Vorbereitung und Ankündigung des Samstages der Auferweckung des Lazarus und des Großen und Heiligen Samstages der Woche der Heiligen Leiden. Es ist nicht nur ein Akt der Liebe oder »eine gute Tat«, sondern auch das Wiederentdecken des Wesens »dieser Welt«, die dem Sterben ebenso ausgesetzt ist wie dem Tod. In dieser Welt sind wir dem Tode geweiht wie die Welt selbst. Aber in Christus wurde der Tod in seinem Innersten zerstört. Er hat, wie der heilige Paulus sagt, »seinen Stachel« verloren und ist selbst zum Eintritt in ein Leben der Überfülle geworden. Für jeden von uns begann dieser Eintritt am Tage unseres in der Taufe vollzogenen Todes, der die Lebenden *sterben* (»ihr seid ja gestorben« - Kol 3,3) ließ und die Toten zum Leben erweckte; denn »der Tod ist nicht mehr«.

Eine eindeutig sichtbare Abweichung in der Volksfrömmigkeit, die den wahren Sinn des christlichen Glaubens verfälschte, hat den Tod erneut *in Schwarz* gehüllt. Dies zeigt sich symbolhaft mancherorts durch den Gebrauch schwarzer Gewänder bei den Begräbnisgottesdiensten und den »Requiems«. Wir sollten jedoch wissen, daß für einen Christen die Farbe des Todes weiß ist. Beten für die Verstorbenen ist kein Wehklagen. Dies tritt nirgends deutlicher hervor als in der Beziehung, die zwischen dem universalen Gedenken für die Toten und den Samstagen im allgemeinen bzw. denen der Fastenzeit im besonderen besteht. Wegen der Sünde und des Verrates ist der freudige Tag der Schöpfung zu einem Tag des Todes geworden; denn da die Schöpfung »der Nichtigkeit unterworfen« (Röm 8,20) wurde, wurde sie selbst zum Tode. Aber der Tod Christi stellt den siebten Tag wieder her und macht aus ihm den Tag der Neu-Schöpfung, zum Tag der Tilgung und der Vernichtung dessen, der diese Welt zu einem Triumph für den Tod werden ließ. Das letzte Ziel der Fastenzeit ist es, in uns das »sehnsüchtige Verlangen nach dem Offenbarwerden der Söhne Gottes« in uns zu erneuern, das den Inhalt des Glaubens, der Hoffnung und der Liebe im christlichen Sinne ausmacht. Durch diese Hoffnung »werden wir gerettet. Eine Hoffnung aber, die man sieht, ist keine Hoffnung. Muß man noch darauf hoffen, was man sieht? Hoffen wir aber auf das, was wir nicht sehen, so erwarten wir es in Geduld ...«. Das ist das Licht des Lazarus-Samstages und der freudige Friede des Großen und Heiligen Samstages, die dem christlichen Verständnis vom Tode und unserem Gebet für die Verstorbenen erst ihren ganzen Sinn geben.

3. Die Sonntage der Fastenzeit

Jeder Sonntag der Großen Fastenzeit behandelt zwei Themenbereiche mit je eigener Bedeutung. Einerseits gehört jeder Sonntag zu einer Folge, die durch die Abfolge und die geistliche »Dialektik« der Fastenzeit geprägt ist. Andererseits wurde im Verlauf der geschichtlichen Entwicklung der Kirche nahezu jedem Sonntag ein weiteres Thema zugeordnet. So feiert die Kirche am *ersten* Sonntag den »Triumph der Orthodoxie« im Gedenken an den Sieg über den Ikonoklasmus und die Wiedereinführung der Ikonenverehrung in Konstantinopel im Jahre 843. Die Verknüpfung dieser Gedenkfeier mit der Fastenzeit ist rein historisch bedingt: dieser erste Erfolg der Orthodoxie fand an diesem besonderen Sonntag statt. Das gleiche gilt für das Gedächtnis des hl. Gregor Palamas am *zweiten* Sonntag. Als im vierzehnten Jahrhundert die Kirche die Feinde dieses Heiligen verurteilte und seine Lehren billigte, wurde das als ein zweiter Triumph der Orthodoxie empfunden; deshalb setzte man die jährliche Feier auf den zweiten Sonntag der Fastenzeit fest. So sinnvoll und bedeutsam beide Gedächtnisse in sich auch sein mögen, mit der Fastenzeit als solcher haben sie nichts zu tun. Im Rahmen dieser Abhandlung brauchen wir uns mit ihnen auch nicht weiter zu beschäftigen. Besser eingefügt in die Fastenzeit sind die Gedächtnisse des hl. *Johannes Klimakos* am *vierten* und der hl. *Maria von Ägypten* am *fünften* Sonntag. In beiden sieht die Kirche herausragende Künder und Zeugen christlicher Askese: den heiligen Johannes aufgrund der Darlegung der Grundsätze der asketischen Lebensweise in seinen Schriften und die heilige Maria aufgrund ihrer Lebensführung. Die Feier des Andenkens an sie während der zweiten Hälfte der Fastenzeit zielt darauf ab, die Gläubigen in ihrem Kampf und ihrem geistlichen Mühen während der Fastenzeit zu ermutigen und ihnen Anregungen zu vermitteln. Da jedoch asketisches Leben *praktiziert* und nicht nur im Geiste nachvollzogen werden soll und da das Gedenken an diese beiden Heiligen unser *persönliches* Fastenbemühen berührt, werden wir im letzten Kapitel über den Sinn sprechen, den man dieser Askese geben kann.

Was das erste und hauptsächliche Thema der Fastensonntage angeht, so sind es vor allem die Lesungen aus der Heiligen Schrift, die uns hier zur Klarheit verhelfen. Um die Lesungen in ihrer Abfolge zu verstehen, müssen wir uns einmal mehr an den Bezug erinnern, der zwischen der Fastenzeit und der Taufe besteht, d. h. wir müssen den Sinn der Fastenzeit als Vorbereitungszeit auf die Taufe verstehen. Die Lesungen bilden einen integralen Bestandteil der Katechese aus der christlichen Anfangszeit; sie geben eine erläuternde, zusammenfassende Übersicht über die Vorbereitung der Katechumenen auf das österliche Mysterium der Taufe. Diese ist der Eintritt in das durch Christus eingeleitete neue Leben. Dem Katechumenen ist dieses neue Leben erst nur angekündigt und verheißen und im Glauben nimmt er es dann an. Er ist in der Situation der Menschen des Alten Testamentes, die im Glauben an eine Verheißung lebten, deren Erfüllung sie nicht mehr sehen sollten.

Das ist das Thema des *ersten* Sonntages. Nach der Erwähnung der Gerechten des Alten Testamentes schließt die Epistel (Hebr 11,24-26; 32-40; 12,2):

> »... *Und diese alle haben, obgleich sie durch den Glauben ein gutes Zeugnis empfingen, doch nicht die Verheißung davongetragen, weil Gott uns etwas Besseres in Aussicht genommen hat ...* «

Worum handelt es sich? Das Evangelium des ersten Sonntags erteilt uns die Antwort (Joh 1,43-51):

> »... *ihr werdet später größere Dinge als diese sehen ...*
> ... *Wahrlich, wahrlich ich sage euch: Ihr werdet den Himmel offen und die Engel Gottes über dem Menschensohn auf- und niedersteigen sehen.*«

Das will sagen: Ihr Katechumenen, die ihr an Christus glaubt und getauft werden wollt und die ihr euch auf das Pascha vorbereitet, ihr werdet das Anbrechen des neuen Zeitalters, das Erfülltsein aller Verheißungen und das Aufziehen des Reiches sehen. Ihr werdet es aber nur sehen, wenn ihr glaubt und Buße tut, euch von eurem Herzen her wandelt und wenn ihr hierzu das Verlangen in euch spürt sowie hierfür die Mühen auf euch nehmt.

Daran erinnert uns der Abschnitt aus dem Brief an die Hebräer am *zweiten* Sonntag (Hebr 1, 10-2,3):

> »... *darum müssen wir um so mehr auf das Gehörte achten, damit wir nicht etwa am Ziel vorbeitreiben ... Wie werden wir entrinnen, wenn wir ein so großes Heil gering schätzen? ...* «

Eine Veranschaulichung dieses Bemühens und dieses Verlangens gibt uns das Evangelium am zweiten Sonntag durch den Gelähmten, den man durch das Dach zu Christus herabgelassen hat (Mk 2,1-12):

> »... *und als Jesus ihren Glauben sah, sprach er zu dem Gelähmten: Mein Sohn, deine Sünden sind dir vergeben ...* «

Am Sonntag Kreuzverehrung, dem *dritten* Sonntag, tritt die Thematik des Kreuzes hervor (Mk 8,34-9, 1):

> »*Denn was nützt es dem Menschen, die ganze Welt zu gewinnen, aber seine Seele einzubüßen? Was könnte ein Mensch als Preis für seine Seele geben? ...* «

Von diesem Sonntag an beginnen die Lesungen aus dem Brief an die Hebräer, uns die Bedeutung des Opfertodes Christi darzulegen, durch den wir Zugang in das »Innere des Heiligtums hinter dem Vorhang«, d. h. in das Heiligtum der Heiligen des Reiches Gottes haben (s. Hebr 4,14-5,6 am dritten, Hebr 6,13-20 am vierten und Hebr 9,11-14 am fünften Sonntag), während die Evangelien nach Markus von dem freiwillig übernommen Leiden Christi (Mk 9,17-31 am vierten Sonntag):

> »... *Der Menschensohn wird in die Hände der Menschen überliefert werden, und sie werden ihn töten ...* «

und seiner Auferstehung künden (Mk 10,32-45 am fünften Sonntag):

> »... *aber am dritten Tag wird er auferstehen ...* «

Die Glaubensunterweisung, die Vorbereitung auf das große Mysterium nähern sich ihrem Ziel: die entscheidende Stunde des Eintrittes des Menschen in den Tod und die Auferstehung Christi naht. Die Fastenzeit ist heutzutage nicht mehr die Vorbereitungszeit der Katechumenen auf die Taufe; aber sind denn nicht auch wir, obgleich getauft und besiegelt, noch in einem gewissen Sinn »Katechumenen«? Oder vielmehr, sollten wir es nicht jedes Jahr wieder werden? Haben wir uns denn nicht wieder und wieder von dem großen Mysterium, dessen wir teilhaftig geworden sind, losgesagt? Haben wir es nicht nötig in unserem Leben, das wir in ständiger Entfremdung von Christus und seinem Reiche führen, uns jedes Jahr »auf den Weg zu machen«, um zu den Quellen unseres christlichen Glaubens zurückzukehren?

4. Mitt-Fasten: Das Heilige Kreuz

Der dritte Sonntag in der Fastenzeit heißt »*Kreuzverehrung*«. Nach der Großen Doxologie der Vigil dieses Tages wird das Kreuz in einer feierlichen Prozession in die Kirchenmitte gebracht, wo es während der ganzen Woche bleibt und nach den Gottesdiensten nach einem besonderen Ritus verehrt wird. Es bleibt anzumerken, daß das Thema des Kreuzes, das in der Hymnographie dieses Sonntages überwiegt, nicht mit Worten des Leidens, sondern des Sieges und der Freude ausgedrückt wird. Ja mehr noch, die Themen-Gesänge (Hirmoi) des Kanons des Sonntages sind dem Ostergottesdienst entnommen: »Tag der Auferstehung ...«. Der gesamte Kanon ist eine Umschreibung des Osterkanons.

Der Sinn ist klar: wir befinden uns in der *Mitte der Fastenzeit.* Einerseits beginnen sich die physischen und geistigen Anstrengungen, wenn sie ernsthaft und ununterbrochen unternommen wurden, bemerkbar zu machen und schwerer zu wiegen; auch zeichnen sich bei uns erste Ermüdungserscheinungen ab, so daß wir einer Unterstützung und Ermutigung bedürfen. Nachdem wir bisher diese Ermattung ertragen und den Berg bis zu dieser Stelle erklommen haben, beginnen wir andererseits, das Ziel unserer Pilgerschaft undeutlich zu erkennen und die ersten größer werdenden Lichtstrahlen des Osterfestes wahrzunehmen. Die Fastenzeit ist unsere eigene Kreuzigung, unsere eigene, wenn auch noch so begrenzte Erfahrung mit dem Gebot Christi, das uns der Text des Evangeliums dieses Sonntags verkündet:

> *»Wer mir nachfolgen will, der verleugne sich selbst, er nehme sein Kreuz auf sich und folge mir nach ...«* (Mk 8,34).

Aber wir könnten unser Kreuz nicht auf uns nehmen und Christus nachfolgen, wenn wir nicht sein Kreuz, das er auf sich genommen hat, um uns zu retten, auf uns genommen hätten. Es ist sein Kreuz und nicht das unsere, das uns rettet. Es ist sein Kreuz, das nicht nur anderen Kreuzen einen Sinn gibt, sondern ihnen auch Wirksamkeit verleiht. Dies wird uns in dem Synaxarion des Sonntages der Kreuzverehrung erläutert:

> *»An diesem Sonntag, dem dritten in der Fastenzeit, feiern wir die Verehrung des kostbaren und lebenspendenden Kreuzes, damit wir uns während des vierzigtägigen Fastens in gewisser Weise selbst kreuzigen, ... und Bitterkeit, Verzagtheit und Niedergeschlagenheit*

> *verspüren. Das lebenschaffende Kreuz wird dargeboten zur Ermutigung und Zuversichtlichkeit, zur Erinnerung an die Passion unseres Herrn und zu unserer Erleichterung ... Wir sind wie jene, die einen langen und steinigen Weg durchlaufen haben, nunmehr ermüdet sind und sich im Schatten, den die Blätter eines herrlichen Baumes spenden, kurzfristig ausruhen, um sich dann, wie verjüngt, wieder auf den Weg zu machen. So wurde gleichsam heute in der Zeit des Fastens, des beschwerlichen Weges und der Mühen von den heiligen Vätern das lebenspendende Kreuz in unserer Mitte eingepflanzt, um uns Rast und Erfrischung zu gewähren, um uns für die verbleibende Aufgabe unbeschwert und ermutigt zu machen ... Um ein weiteres Beispiel zu geben: Es ist wie bei der Ankunft eines Königs. Sein Banner und seine Insignien gehen ihm voraus, dann folgt er selbst, strahlend, sich seines Sieges freuend und seine Untertanen beglückend. Ebenso hat unser Herr Jesus Christus, der uns bald seinen Sieg über den Tod kundtun und am Tage seiner Auferstehung in Herrlichkeit erscheinen wird, uns im voraus sein Zepter, das königliche Zeichen, das lebendigmachende Kreuz geschickt, das uns, soweit wie nur möglich, mit Freude erfüllt und uns bereit macht, bald den König selbst zu empfangen und seinem Sieg Ehre zu erweisen ... Das alles in der Mitte der Fastenzeit, die einer herben Quelle ähnlich ist wegen der Tränen Mühen und Verzagtheit ... aber Christus tröstet uns, die wir sozusagen durch die Wüste wandeln, bis daß er uns zu dem geistigen Jerusalem durch seine eigene Auferstehung gelangen läßt ... Dieses Kreuz wird ›Baum des Lebens‹ genannt. Ein Baum war mitten im Paradies gepflanzt, deshalb haben die Heiligen Väter den Baum des Kreuzes in die Mitte der heiligen Fastenzeit gepflanzt, um uns an die Seligkeit Adams wie aber auch an deren herben Verlust zu erinnern. Wir aber werden daran erinnert, daß wir durch die Teilhabe an diesem Baum nicht mehr sterben, sondern leben ...«*

Auf diese Weise erfrischt und gekräftigt, gehen wir nunmehr den zweiten Teil der Fastenzeit an. Nach einer weiteren Woche, am *vierten* Sonntag, hören wir diese Ankündigung:

> *»Der Menschensohn wird in die Hände der Menschen überliefert werden und sie werden ihn töten; wenn er aber getötet ist, so wird er nach drei Tagen auferstehen ...«* (Mk 9,3 1).

Der Ton liegt von jetzt ab nicht mehr auf uns selbst, unserer Buße oder unserem Mühen, sondern auf den Ereignissen, die geschehen sind, »für uns und für unser Heil«:

> *O Herr, der du uns heute die Heilige Woche vorwegnehmen ließest durch die hell aufleuchtende Erweckung des Lazarus, hilf uns, den Lauf der Fasten zu vollenden.*
> *Nachdem wir die zweite Hälfte des Fastens erreicht haben, laßt uns deutlich dartun des göttlichen Lebens Beginn. Und wenn wir*

> *das Ende unseres Bemühens erreichen, mögen wir der nie vergehenden Wonne teilhaftig werden.*

Während der Matutin am Donnerstag der fünften Woche hören wir erneut, dieses Mal jedoch in voller Länge, den Großen Kanon des hl. Andreas von Kreta. War der Kanon zu Beginn der Fastenzeit ein Tor, das uns zur Bußfertigkeit führte, dient es jetzt am Ende der Fastenzeit als »Zusammenfassung« und Vollendung unserer gesamten Bußerfahrung. Von den Worten, die wir am Anfang nur gehört haben, hoffen wir, daß sie nunmehr zu unseren eigenen Worten, zu unserem Wehklagen, zu unserem Hoffen und zu unserer Reue geworden sind und unserem Fastenbemühen einen Wert geben. Was ist von all dem wirklich zu unserem Wesen geworden? Bis wohin sind wir auf unserem Weg der Buße gelangt? Denn alles, was uns betrifft, ist an sein Ende gelangt. Von nun an folgen wir den Jüngern:

> *»Während sie auf dem Weg nach Jerusalem waren, ging Jesus vor ihnen her.« Und er sprach zu ihnen: ›Sehet, wir ziehen hinauf nach Jerusalem, und der Menschensohn wird den Hohenpriestern und Schriftgelehrten überliefert werden. Sie werden ihn zum Tode verurteilen und den Heiden übergeben. Sie werden ihn verhöhnen, geißeln und töten. Aber nach drei Tagen wird er auferstehen.‹ «* (Mk 10,32-45)

Dieses ist das Evangelium des *fünften* Sonntages.

Der Ton der Dienste wandelt sich. Denn während im ersten Teil der Fastenzeit unser Bemühen unserer eigenen Läuterung galt, sollen wir uns jetzt vergegenwärtigen, daß die Läuterung nicht ein Ziel an sich war, sondern uns zur Betrachtung, zum Verständnis und zur Aneignung des Mysteriums des Kreuzes und der Auferstehung führen soll. Die Bedeutung unserer Mühen zeichnet sich jetzt ab als die Teilnahme an diesem Mysterium, an das wir uns so sehr gewöhnt haben, daß wir es für selbstverständlich hielten und das wir aber schlicht vergessen haben. Und während wir Jesus bei seinem Aufstieg nach Jerusalem mit seinen Jüngern folgen, sind wir »von Staunen und Furcht ergriffen«.

5. *Auf dem Weg nach Bethanien und Jerusalem*

Die sechste und letzte Woche der Fastenzeit heißt »*Woche der Palmen*«. In diesen sechs Tagen vor dem Lazarus-Samstag und dem Sonntag der Palmen folgen wir in der Liturgie der Kirche Christus, während er den Tod seines Freundes ankündigt und dann seinen Gang nach Bethanien und Jerusalem beginnt. Das Thema und den Tenor der Woche vermittelt uns die Vesper am Sonntagabend.

> *»Die sechste Woche des Heiligen Fastens laßt mit Eifer uns beginnen und dem Herrn Hymnen darbringen, die künden vom Fest der Palmen; ihm, der in Jerusalem in göttlicher Herrlichkeit und Macht einziehen wird, um den Tod durch den Tod zu töten ...«*

Das Hauptaugenmerk richtet sich auf *Lazarus*, seine Krankheit, seinen Tod, den Schmerz seiner Angehörigen und die Haltung Christi zu all diesem. Am Montag hören wir:

> *»Heute wurde die Krankheit des Lazarus Christus kundgetan, als er jenseits des Jordan wandelte ...«*

Am Dienstag:

> *»Gestern und heute ist Lazarus krank«*

Am Mittwoch:

> *»Heute wird der tote Lazarus bestattet und die Seinen wehklagen ...«*

Am Donnerstag:

> *»Lazarus ist bereits seit zwei Tagen tot ...«*

Am Freitag endlich:

> *»... Denn morgen kommt Christus,*
> *aufzuerwecken den verstorbenen Bruder ...«*

So vergeht die ganze Woche mit der geistlichen Betrachtung der nächsten Begegnung Christi mit dem Tode, zunächst in der Person seines Freundes Lazarus und dann mit seinem eigenen Tod. »Die Stunde Christi« rückt allmählich näher, von der er so häufig gesprochen hat und auf die seine ganze irdische Mission ausgerichtet war. Wir müssen uns fragen: Welche Stellung und welche Bedeutung hat diese Betrachtung in der Fasten-Liturgie? Welchen Bezug hat sie zu unserem eigenen Fastenbemühen?

Diese Fragen setzen eine andere voraus, über die hier ein kurzes Wort gesagt werden soll. Wenn die Kirche der Ereignisse des Lebens Christi gedenkt, dann überträgt sie das Vergangene sehr häufig, um nicht zu sagen immer, in die Gegenwart. So singen wir am Weihnachtstag: »*Heute* hat die Jungfrau geboren ...«. Am Heiligen Freitag: »*Heute* steht vor Pilatus ...«. Am Sonntag der Palmen: »*Heute* zieht ein in Jerusalem ...«. Die Frage ist, was diese zeitliche Verlagerung bedeutet und welchen liturgischen Sinn dieses ›Heute‹ hat.

Die meisten Kirchgänger sehen darin möglicherweise eine bildhafte sprachliche Ausdrucksform oder ein poetisches »Sprachgebilde«. Unsere heutige Auffassung von dem liturgischen Gebet ist entweder vom Verstand oder von unserem Empfinden geprägt.

Die verstandes-orientierte Auffassung führt die liturgische Feier auf *Ideen* zurück. Sie hat ihre Wurzeln in einer »verwestlichten« Theologie, die sich im orthodoxen Orient nach dem Ausklang der Väterzeit entwickelte und für welche die Liturgie höchstens ein Rohmaterial für passende Definitionen und intellektuell geprägte Begriffe ist. Alles, was in der Liturgie nicht in eine intellektuelle Wahrheit eingeschlossen werden kann, wird als »Poesie« eingestuft, d. h. als etwas betrachtet, was man nicht ganz ernst nehmen kann. Und da die Ereignisse, welcher die Kirche gedenkt, der Vergangenheit angehören, wird dem »Heute« der Liturgie keine große Bedeutung beigemessen. Die gefühlsbetonte Auffassung der Liturgie ist als Ergebnis einer individualistischen, auf das eigene Selbst zentrierten Frömmigkeit und als Gegenpol zur intellektualisierten Theologie anzusehen. Für diese Art von Frömmigkeit ist die Liturgie vor allen Dingen ein für das persönliche Gebet nützlicher Rahmen, ein erleuchtender Hintergrund, auf dem unser Herz wieder »erwärmt« und auf Gott ausgerichtet werden soll. Der Gehalt und der Sinn der Dienste, der liturgischen Texte, der Riten und der Handlungen haben nur zweitrangige Bedeutung. Sie sind nützlich und wertvoll in dem Maße, in dem sie mein Gebet fördern. Und darum löst sich das liturgische »Heute«, wie übrigens alle anderen liturgischen Texte, in einer Art unbestimmten »Gebetes« ergebener Andächtigkeit und Eingebung auf.

Die Geisteshaltung unserer Kirche pendelte lange Zeit zwischen diesen beiden Auffassungen hin und her, wodurch es heute sehr schwierig ist, verständlich zu machen, daß die wahre Liturgie der Kirche *nicht zurückgeführt* werden kann weder auf »Ideen« noch auf das »Gebet«. Man feiert keine Ideen! Und ist zum persönlichen Gebet im Evangelium nicht ausgesagt, daß wir uns zum Beten in unser Zimmer einschließen sollen, um dort in eine persönliche Vereinigung mit Gott eintreten zu können (Mt 6,6)? Der Begriff der Zelebration selbst beinhaltet ein Ereignis und zugleich eine Reaktion einer Gemeinschaft oder einer verfaßten Gemeinde hierauf. Eine liturgische Feier ist nur möglich, wenn sich Menschen versammeln und in Überwindung ihrer Vereinzelung und ihres natürlichen Abgetrenntseins bei einem konkreten Anlaß (z. B. Frühlingsfest, Hochzeit, Bestattung, Siegesfeier usw.) wie ein einziger Leib zusammenwirken, als handle es sich in Wirklichkeit um eine Einzelperson. Das natürliche Wunder einer jeden Zelebration besteht im Übersteigen, wenn auch nur für eine kurze Zeit, der Stufe der Ideen und des Individualismus. In der gottesdienstlichen Feier verliert man sich tatsächlich selbst und findet in einer einzigartigen Weise zum anderen. Was ist aber dann der liturgische Sinn dieses *Heute*, durch den die Kirche alle ihre Zelebrationen feierlich einleitet? In welchem Sinn werden die vergangenen Ereignisse heute gefeiert?

Man kann ohne Übertreibung sagen, daß das ganze Leben der Kirche ein ständiges Gedenken und eine dauernde Gedächtnisfeier ist. Am Ende eines jeden Dienstes sprechen wir von den Heiligen, »... deren Gedächtnis wir feiern«; aber hinter allem Gedenken steht die Kirche als die Gedächtnisstätte Christi. Von einem rein natürlichen Standpunkt aus handelt es sich bei dem Gedenken um eine zweischneidige Angelegenheit. So bedeutet das Sich-Erinnern an jemanden, den wir lieben aber verloren haben, zweierlei. Einerseits ist das Gedächtnis mehr als eine einfache Kenntnis der Vergangenheit. Wenn ich mich an meinen verstorbenen Vater erinnere, sehe ich ihn; er ist in meinem Gedächtnis gegenwärtig nicht als die Summe dessen, was ich *über* ihn weiß, sondern in seiner ganzen lebendigen Wirklichkeit. Und andererseits jedoch ist es gerade diese Gegenwärtigkeit selbst, die mich so unerbittlich fühlen läßt, daß ich niemals mehr in dieser Welt und in diesem Leben seine Hand berühren kann, die ich so klar in meinem Gedächtnis vor mir sehe. Das Gedächtnis verkörpert somit die wunderbarste und zugleich die tragischste aller menschlichen Fähigkeiten, denn nichts offenbart besser den gebrochenen Charakter unseres Lebens als die Unmöglichkeit des Menschen, in dieser Welt wirklich etwas zu bewahren und zu besitzen. Das Gedächtnis läßt uns erkennen, daß »Zeit und Tod in der Welt regieren«. Aber eben wegen dieser Funktion des Gedächtnisses, die die hervorstechendste Gabe des Menschen ist, ist auch gerade das Christentum auf dieses zentriert, da es vor allem darin besteht, uns

Einen Menschen, Ein Geschehnis, Eine Nacht in ihrer ganzen Tiefe und Dunkelheit in das Gedächtnis zu rufen, als uns gesagt wurde: »... tut dies zu meinem Gedächtnis«. Und dabei vollzieht sich das Wunder. Wir erinnern uns an ihn, und er ist da! Nicht als ein nostalgisches Bild des Vergangenen, nicht als ein trauriges »niemals mehr«, sondern mit einer solchen Intensität der Gegenwärtigkeit, daß die Kirche die Worte der Jünger von Emmaus in alle Ewigkeit wiederholen kann: »... brannte nicht unser Herz in uns? ...« (Lk 24,32).

Das natürliche Gedächtnis ist vor allem eine »Gegenwärtigsetzung des Abwesend-Seienden«. Je gegenwärtiger uns jemand durch das Erinnern geworden ist, desto lebhafter empfinden wir den Schmerz seiner Abwesenheit. Aber in Christus ist das Gedächtnis zur *Macht* gelangt, um die durch Sünde und Tod, durch Haß und Vergessen in sich gespaltene Zeit zu erfüllen. So wird das neue Gedächtnis zu einer Macht über die Zeit und ihre Zersplitterung, die sich im Herzen der liturgischen Feier befindet, dem liturgischen *Heute*. Gewiß, die Jungfrau gebiert nicht heute; niemand steht »tatsächlich« heute vor Pilatus; als Tatsachen gehören diese Ereignisse der Vergangenheit an. Aber heute können wir uns dieser Tatsachen erinnern, und die Kirche ist vor allem das Geschenk und die Macht dieses Sich-Erinnerns, das Tatsachen der Vergangenheit in Geschehnisse von ewiger Tragweite überführt.

So tritt die Kirche während der liturgischen Zelebration von neuem in das *Geschehnis* ein, d. h. nicht nur in »die Idee« des Ereignisses, sondern in seine Freude oder seine Trauer, in seine mit Leben erfüllte und konkrete Wirklichkeit. Das Wissen um den Aufschrei: »Mein Vater, mein Vater, warum hast du mich verlassen«, mit dem der gekreuzigte Christus seine Entäußerung und Erniedrigung kundtat, ist eine Sache. Eine ganz andere ist ihre alljährliche Feier an diesem einzigartigen Freitag, an dem wir, ohne nach besonderen Vernunftgründen suchen zu müssen, mit absoluter Gewißheit wissen, daß diese ein für allemal gesprochenen Worte eine in alle Ewigkeit währende Gültigkeit besitzen und durch keinen Sieg, keinen Ruhm, keine »Synthese« jemals ausgelöscht werden können. Eine Sache ist das Verstehen der Auferweckung des Lazarus als »Unterpfand der Zusicherung der universalen Auferweckung« (*Troparion* des Tages); eine andere Sache ist die während einer ganzen Woche tagtägliche Feier dieses sich allmählich vollziehenden Zusammentreffens von Leben und Tod, deren Teilnehmer wir werden, um mit eigenen Augen zu sehen und mit unserem ganzen Wesen den Gehalt der Worte des Johannes zu erahnen: »... da ergrimmte er im Geiste und geriet in Erregung und weinte« (Joh 11,33 - 35). Das geschieht für uns und trifft uns *heute* alle. Wir waren nicht in Bethanien, am Grabe, zusammen mit den weinenden Schwestern des Lazarus. Das Evangelium gibt uns *darüber* nur Kenntnis. Aber in der *heutigen* Feier der Kirche wird diese geschichtliche Tatsache ein *Geschehnis* für uns, für mich, eine Kraft in meinem Leben, eine Erinnerung, eine Freude. Die Theologie kann nicht über die Idee hinausgehen. Und benötigen wir, von der Idee her gesehen, denn tatsächlich diese fünf langen Tage, wo es doch so einfach ist zu sagen, »um die allumfassende Auferweckung zu bekunden«? Tatsache ist jedoch, daß diese Aussage für sich genommen nichts bedeutet. Die wirkliche Bekundung entspringt der Feier und genau genommen jener fünf Tage, an denen wir Zeuge des Beginns dieses tödlichen Kampfes zwischen dem Leben und dem Tod werden und anfangen, nicht so sehr zu verstehen als vielmehr davon Zeugnis abzulegen, daß Christus dem Tod den Todesstoß versetzt.

Die Auferweckung des Lazarus, die wunderbare Feier dieses einzigartigen Samstages steht über der Fastenzeit. Am vorhergehenden Freitag haben wir gesungen: »Den Lauf der erbauenden vierzig Tage haben wir vollendet«. In der Diktion der Liturgie sind der Lazarus-Samstag und der Sonntag der Palmen »die Vorboten des Kreuzcs«. Diese ganze letzte Woche der Fastenzeit mit ihrer einzigartigen durchgehenden Vorbereitung auf diese Tage ist das letzte Sichtbar-Werden-Lassen des Sinnes der Fastenzeit.

Ganz zu Beginn dieses Werkes haben wir ausgeführt, daß die Fastenzeit Vorbereitung auf Ostern ist. In Wirklichkeit jedoch bleibt diese Vorbereitung in der jetzt traditionell gewordenen Art nach allgemeiner Erfahrung abstrakt und theoretisch. Die Fastenzeit und Ostern werden nebeneinander gestellt, aber ohne wirkliches Verständnis ihrer gegenseitigen Verbindungen und Abhängigkeiten. Selbst dort, wo man die Fastenzeit nicht nur als Zeitspanne versteht, während der man der Verpflichtung zur jährlichen Beichte und Kommunion nachkommt, betrachtet man sie gewöhnlich unter dem Blickwinkel eines individuellen Mühens; man bleibt also auf sich zentriert. Mit anderen Worten, was unserer Fastenerfahrung praktisch fehlt, ist dieses körperliche und geistliche Mühen, das unsere Teilnahme an dem *Heute* der Auferstehung Christi zum Ziel hat. Ziel ist nicht eine abstrakte Moralität, noch ein moralischer Fortschritt, noch eine bessere Steuerung unserer Leidenschaften, noch eine persönliche Selbst-Vervollkommnung, sondern eine Teilnahme an dem letzten und allumfassenden *Heute* Christi. Eine christliche Spiritualität, die nicht hierauf abzielt, läuft Gefahr, pseudochristlich zu werden, denn sie würde letztlich durch das »Ich« und nicht durch Christus motiviert sein. Die Gefahr besteht darin, daß die einmal geläuterte, gereinigte und von dem vorher in ihr hausenden Dämon befreite Kammer unseres Herzens leer bleibt, so daß der Dämon mit »sieben weiteren Geistern, die böser sind als er, dorthin zurückkehren, einziehen und dort wohnen kann. Und die letzten Dinge jenes Menschen werden ärger sein als die ersten« (Lk 11,26). In dieser Welt kann alles, selbst die »Spiritualität« dämonisch sein. Es ist deshalb sehr wichtig, den Sinn und den Rhythmus der Fastenzeit wiederzufinden als authentische Vorbereitung auf das große *Heute* des Osterfestes.

Wir haben nunmehr gesehen, daß die Fastenzeit zwei Teile umfaßt. Vor dem Sonntag Kreuzerhöhung lädt uns die Kirche ein, unsere Aufmerksamkeit auf uns selbst zu richten, gegen das Fleisch und die Leidenschaften zu kämpfen, gegen das Übel und alle anderen Sünden. Gleichzeitig werden wir ständig eingeladen, nach vorne zu sehen und unser Mühen abzuwägen und zu motivieren durch »etwas besseres«, das für uns bereitet ist. Dann, vom Sonntag der Kreuzverehrung an, wird das Mysterium des Leidens Christi, seines Kreuzes und seines Todes zum Mittelpunkt der liturgischen Feiern der Fastenzeit. Es wird zum Mittelpunkt der »Aufstieg nach Jerusalem«. Schließlich beginnt -während dieser letzten Woche der Vorbereitung - die Feier des Mysteriums. Das Mühen der Fastenzeit hat uns befähigt, von allem abzulassen, was gewöhnlich mit seiner Beschwerlichkeit die Mitte unseres Glaubens, unserer Hoffnung und unserer Freude verdunkelt. Die Zeit selbst wird sozusagen angehalten. Sie wird nicht nach unseren gewöhnlichen Geschäftigkeiten und Sorgen gemessen, sondern nach dem, was sich auf dem Weg nach Bethanien und darüber hinaus nach Jerusalem abspielt. Und nochmals, all das ist keine leere Rhetorik. Für jeden, der das wahre liturgische Leben - und sei es auch nur ein einziges und unvollkommenes Mal - gekostet hat und der das

»Freue dich, Bethanien, Heimat des Lazarus« und »Morgen wird Christus kommen« gehört hat, wird nahezu selbstverständlich die äußere Welt mit leichtem Befremden ansehen und beinahe Schmerz empfinden, wenn er sich tagtäglich ihren Zwängen unterwerfen muß. Die »Wirklichkeit« liegt in dem, was sich in der Kirche vollzieht, in jener Zelebration, die uns Tag für Tag vor Augen führt, was das Erwarten heißt und warum das Christentum vor allem Erwartung und Vorbereitung ist. Wenn der Freitagabend also anbricht, an dem wir singen:

> *»Nachdem wir den geziemenden Lauf der vierzig Tage vollendet haben«,*

dann haben wir nicht einfach eine jährlich wiederkehrende christliche »Pflicht« erfüllt; wir sind vorbereitet, die Worte, die wir am folgenden Tag singen werden, zu den unsrigen zu machen:

> *»In Lazarus hat Christus dich bereits zerstört, o Tod. Und wo ist, Hölle, dein Sieg?«*

Kapitel Fünf

Die Fastenzeit in unserem Leben

1. Das Ernstnehmen der Fastenzeit

Bisher haben wir die Lehre der Kirche über die Fastenzeit behandelt, so wie sie sich hauptsächlich in ihrem liturgischen Gebet darstellt. Wir müssen uns jetzt folgende Fragen stellen:

- Wie läßt sich diese Lehre in unserem Leben anwenden?
- Wie könnte die Fastenzeit unsere Existenz nicht nur formell, sondern in ihrem Kern beeinflussen?

Unsere Existenz (muß man daran überhaupt erinnern?) unterscheidet sich in sehr starkem Maße von der jener Menschen, die zu der Zeit lebten, als all diese Dienste, Hymnen, Kanones und Vorschriften zusammengestellt und festgelegt wurden. Man lebte damals in einer relativ abgeschlossenen, vornehmlich ländlich geprägten Gemeinschaft inmitten einer organisch gewachsenen orthodoxen Welt. Der Lebensrhythmus eines jeden Einzelnen war durch die Kirche vorgegeben. Jetzt hingegen leben wir in einer städtischen, hochgradig technisierten Gesellschaft mit ihrem Pluralismus religiöser Glaubensrichtungen, ihrer säkularisierten Sicht von der Welt, in der wir Orthodoxe eine unbedeutende Minderheit darstellen. Die Fastenzeit ist nicht mehr »sichtbar« wie sie es z. B. in Rußland oder Griechenland gewesen ist. Unsere Frage hat somit einen ganz realen Hintergrund: Wie können wir dem Geist der Fastenzeit gerecht werden, außer indem wir ein oder zwei mehr »symbolische« Änderungen in unserer alltäglichen Lebensführung vornehmen?

Es ist beispielsweise offensichtlich, daß für die große Mehrheit der Gläubigen die tägliche Teilnahme an den Diensten der Fastenzeit nicht in Frage kommt. Sie gehen weiterhin sonntags zur Kirche, aber, wie wir bereits wissen, reflektiert die Liturgie der Sonntage der Fastenzeit, äußerlich wenigstens, die Fastenzeit nicht; deshalb könnte man auch kaum ein Gefühl dafür bekommen, was das liturgische Gebet der Fastenzeit bedeutet, welches ja das wesentliche Mittel darstellt, wodurch wir mit dem Geist der Fastenzeit vertraut gemacht werden. Und da die Fastenzeit in unserer Kultur auf keine Art sichtbar wird, ist es nicht verwunderlich, wenn unser Verständnis von ihr heute vor allem *negativ* geprägt ist: man betrachtet sie als eine Zeit, in der gewisse Dinge wie Fleisch, Fette, Tanzen und Zerstreuungen untersagt sind. Die gängige Frage »Auf was verzichtest du in der Fastenzeit?« spiegelt genau die verbreitete allgemein negative Auffassung wider. In »positiver« Ausdrucksweise wird die Fastenzeit als die Zeit betrachtet, in welcher die jährliche »Verpflichtung« zum Sündenbekenntnis und zum Empfang der Eucharistie erfüllt werden muß (»... und nicht später als am Sonntag der Palmen ... «, wie ich in einem Informationsblatt einer Gemeinde gelesen habe). Ist diese Verpflichtung einmal erfüllt, scheint der Rest der Fastenzeit jede positive Bedeutung verloren zu haben.

So hat sich offenbar ein ziemlich tiefer Graben aufgetan zwischen dem Geist bzw. der »Theorie« der Fastenzeit einerseits, den bzw. die wir vom liturgischen Gebet her zu beschreiben versucht haben, und andererseits der allgemeinen und gängigen Auffassung, die sehr oft nicht nur von den Laien geteilt und unterstützt wird, sondern auch selbst von den Klerikern. Denn es ist immer leichter, irgend etwas Geistliches auf etwas Formales zurückzuführen, als das Geistliche hinter dem Formalen zu suchen. Man kann ohne Übertreibung sagen, daß selbst da, wo die Fastenzeit »eingehalten« wird, sie viel von ihrer Bedeutung für unser wirkliches Leben verloren hat. Sie ist nicht mehr dieses Bad der Umkehr und Buße, das sie gemäß der liturgischen und geistlichen Unterweisung der Kirche sein soll. Können wir sie dann wiederentdecken? Können wir sie von Neuem zu einer geistlichen Kraft in der täglichen Realität unserer Existenz machen? Die Antwort auf diese Frage hängt hauptsächlich, ich würde sagen fast ausschließlich, davon ab, ob wir die *Fastenzeit ernst nehmen* wollen oder nicht. So neu- und verschiedenartig unsere heutigen Lebensbedingungen und so tatsächlich gegeben die Schwierigkeiten und Hindernisse, die aus unserer modernen Welt erwachsen, auch sein mögen, so befindet sich unter ihnen doch kein *absolutes* Hindernis, keines, was die Einhaltung der Fastenzeit »unmöglich« machen würde. Die eigentliche Wurzel für den fortschreitenden Verlust des Einflusses der Fastenzeit auf unsere Lebensgestaltung liegt tiefer. Bewußt oder unbewußt haben wir die Religion auf einen oberflächlichen Nominalismus und Symbolismus reduziert; wir haben sie genau genommen beiseite geschoben und die Ernsthaftigkeit religiöser Forderungen an unser Leben, religiöse Forderungen, die uns Verpflichtungen auferlegen und Bemühungen abverlangen, »wegdiskutiert«. Man muß hinzufügen, daß diese Haltung in gewisser Weise besonders typisch für die Orthodoxie ist.

Die westlichen Christen, Katholiken wie Protestanten, verändern eher die Religion selbst, um sie neuen Bedingungen »anzupassen« und um sie so »praktikabel« zu machen, wenn sie sich ihrer Meinung nach »unmöglichen« Anforderungen gegenüber sehen. Erst ganz kürzlich haben wir z. B. gesehen, wie die Römische Kirche das Fasten zunächst auf ein Minimum reduziert hat, um es dann nahezu gänzlich wegfallen zu lassen. Mit gerechtfertigter und legitimer Entrüstung lehnen wir eine solche »Anpassung« als Verrat an der christlichen Tradition und als Aushöhlung des christlichen Glaubens ab. Es gehört zur Wahrhaftigkeit und zu den glanzvollen Seiten der Orthodoxie, daß sie sich nicht einem niedrigeren Standard »anpaßt« und keine Kompromisse eingeht, die das Christentum zu einer »leichtzunehmenden« Erscheinung werden lassen. Das ist ein Glanzpunkt der *Orthodoxie*, aber sicherlich *nicht* einer der uns, den orthodoxen Gläubigen, zukommt. Bereits seit langem - und nicht erst seit gestern und heute - haben wir einen Weg gefunden, um die absoluten Forderungen der Kirche mit unserer menschlichen Schwäche in Einklang zu bringen, und dies nicht nur ohne »Gesichtsverlust«, sondern auch über zusätzliche Vernunftgründe für unsere eigene Rechtfertigung und zur Beruhigung unseres guten Gewissens. Die Methode besteht darin, den Anforderungen symbolisch zu genügen; und symbolischer Nominalismus durchdringt heute unser ganzes religiöses Leben. Wir würden zwar z. B. niemals daran denken, unsere Liturgie und ihre monastische Ordnung zu überarbeiten - Gott bewahre -, aber wir werden auch weiterhin einen Dienst »Voll-Vigil« nennen, selbst wenn er nur eine Stunde dauerte; auch weiterhin würden wir mit Stolz verkünden, daß es derselbe Dienst wäre, den bereits die Mönche der Lawra des heiligen Sabbas im neunten Jahrhundert gefeiert haben. Anstatt bezüglich der Fastenzeit die fundamentalen Fragen »Was bedeutet das Fasten«, »Was ist die Fastenzeit« zu stellen, begnügen wir uns mit einem symbolischen Einhalten der Fastenzeit. In kirchlichen Magazinen und Nachrichtenblättern findet man Rezepte für »köstliche Fasten-Gerichte«; eine Gemeinde konnte über ein mit guter Werbung angekündigtes »Pikantes Fasten-Dinner« zusätzliche Gelder einnehmen. In unseren Kirchen zählt man so viele symbolische Dinge zu den interessanten, bunten und unterhaltsamen Bräuchen und Traditionen, die uns nicht so sehr mit Gott oder einem neuen Leben in ihm, sondern mehr mit der Vergangenheit und den Bräuchen unserer Vorfahren verbinden. So wird es immer schwieriger, hinter dieser religiösen Folklore das äußerst Ernstzunehmende der Religion zu erkennen. Ich lege Wert auf die Feststellung, daß es an den verschiedenen Bräuchen selbst nichts Irriges gibt. Zum Zeitpunkt ihres Entstehens waren sie Ausdrucksmittel einer Gesellschaft, welche die *Religion ernst nahm.* Sie hatten keinen Symbolcharakter, sie waren das Leben selbst. Als sich das Leben weiterentwickelte und insgesamt immer weniger durch die Religion geprägt wurde, führte das dazu, daß einige Bräuche einfach überlebten als Symbole einer vergangenen Lebensepoche. Was überlebte, war einerseits das Bunteste, andererseits auch das weniger Schwierige. Eine geistliche Fehlentwicklung führte nun dazu, daß man die Religion selbst nach und nach als ein System von Symbolen und Bräuchen ansah, anstatt in ihnen einen Anruf zu spiritueller Erneuerung und Anstrengung zu erblicken. Und so verwendet man jetzt mehr Energie auf das Zubereiten von Fasten-Platten und Oster-Körben als auf das Fasten und die Teilnahme an der geistlichen Wirklichkeit von Ostern. Solange die Bräuche und Traditionen nicht wieder in eine umfassende religiöse Weltsicht eingebunden werden, aus der sie ja erwachsen sind, und solange die Symbole nicht *ernst* genommen werden, solange bleibt die Kirche vom Leben abgeschnitten und solange wird sie auch keinen bestimmenden Einfluß auf es haben. Anstatt »unser reiches Erbe« zu symbolisieren, sollten wir damit beginnen, es in unser konkretes Leben zu integrieren.

Die Fastenzeit ernst nehmen heißt auch, vor allem ihre tiefer liegenden Schichten möglichst genau zu betrachten, sie zu sehen als einen geistig-seelischen Anruf, der eine Antwort, eine Entscheidung, einen Handlungsplan, ein fortgesetztes Bemühen erfordert. Deshalb sind, wie wir wissen, die Wochen der Vorbereitung auf die Fastenzeit von der Kirche eingerichtet worden: hier ist der Augenblick der Antwort, der Entscheidung und des Handlungsplanes gekommen. Der beste und einfachste Weg ist der, der Kirche zu folgen, die uns führt - und sei es nur, daß wir die Thematik der fünf Evangelien der fünf Sonntage der Vor-Fastenzeit betrachtend bedenken:

1. Brennendes Verlangen (Zachäus)
2. Demut (Vom Zöllner und Pharisäer)
3. Rückkehr aus dem Exil (Vom Verlorenen Sohn)
4. Vom Gericht (Jüngstes Gericht)
5. Vergebung (Sonntag der Vergebung)

Man soll diese Evangelien nicht nur in der Kirche anhören. Wesentlich ist es, daß man sie »mit zu sich nach Hause nimmt« und daß sie überdacht werden in ihrer Bedeutung für *mein* Leben, *meine* familiäre Situation, *meine* beruflichen Verpflichtungen, *meine* Sorgsamkeiten um materielle Güter und *meine* Beziehung zu den Menschen in meiner Umgebung. Und wenn man dieser Betrachtung das Gebet der Vor-Fastenzeit hinzufügt »Öffne mir der Reue Pforten, du Spender des Lebens! « und aus dem Psalm 136/7 »An den Ufern von Babylon ...«, dann beginnt man zu verstehen, was es bedeutet, »mit der Kirche zu empfinden« und wie ein bestimmter liturgischer Zeitabschnitt das tägliche Leben farbenprächtiger gestalten kann. Diese Zeit eignet sich auch für die Lektüre eines religiösen Buches, nicht nur in Hinsicht auf eine Bereicherung unseres religiösen Wissens, sondern vor allem, um unseren Geist von allem zu säubern, was ihn sonst für gewöhnlich mit Beschlag belegt. Es ist unglaublich, wie übervoll unsere Sinne von allen möglichen Sorgen, Interessen, Beunruhigungen und Eindrücken sind und in welch geringem Maße wir Herr dieser Überfülle sind. Das Lesen eines religiösen Buches und das Lenken unserer ganzen Aufmerksamkeit auf etwas völlig anderes als das, was sonst unser Denken in Anspruch nimmt, schafft von selbst eine geistig und geistlich ganz andere Atmosphäre. Hierfür gibt es keine »Rezepte«; es kann auch andere Mittel der Vorbereitung auf die Fastenzeit geben. Der ausschlaggebende Punkt ist der, daß wir während dieser Vor-Fastenzeit aus der Ferne auf die Fastenzeit sehen als etwas, das auf uns zukommt oder uns sogar von Gott gesandt wurde, als eine Gelegenheit zum Wandel, der Erneuerung, der Vertiefung. Und wir sollten diese Gelegenheit in der Weise ernst nehmen, daß wir am Sonntag der Vergebung vorbereitet sind, die Worte des die Fastenzeit einleitenden Großen Prokimenon

> *»Wende nicht ab dein Antlitz von deinem Diener, denn ich bin betrübt!«*

in aller Bescheidenheit zu unseren eigenen zu machen, wenn wir das Haus verlassen, um uns zu dem Vesper-Gottesdienst zu begeben.

2. Die Teilnahme an den Gottesdiensten der Fastenzeit

Niemand kann, wie bereits gesagt, an allen Diensten in der Fastenzeit teilnehmen. Aber jeder kann an einigen teilnehmen. Es gibt absolut keine Entschuldigung dafür, die Fastenzeit nicht vor allem als die Zeit zu sehen, während der man häufiger bei der Liturgie der Kirche anwesend ist und an ihr teilnimmt. Nochmals, persönliche Bedingungen, individuelle Möglichkeiten und Beschränkungen können sich ändern und zu geänderten Entscheidungen führen; aber Entscheidungen müssen getroffen und Anstrengungen müssen unternommen werden; es muß ein »Weitermachen« geben. Vom liturgischen Standpunkt aus können wir uns als »Minimalziel« vornehmen, nicht eine Verpflichtung erfüllen zu wollen, was auf spiritueller Ebene eine selbstzerstörerische Wirkung hätte, sondern wenigstens das Wesentliche vom Geiste der Liturgie der Fastenzeit mitnehmen zu wollen.

An erster Stelle sollte das ernsthafte Bemühen stehen, im Rahmen der Gemeinde zu einer angemessenen Feier der *Vesper des Sonntages der Vergebung* zu gelangen. Es ist äußerst bedauerlich, daß in vielen Kirchen dieser Dienst gar nicht mehr gefeiert wird oder daß ihm, wo er noch gefeiert wird, nicht die notwendige Sorgfalt und Aufmerksamkeit geschenkt wird. Diese Vesper müßte in der Gemeinde »das große Ereignis« des Jahres und als solches gut vorbereitet sein. Dazu gehören Chorproben, die Erläuterung des Dienstes in den Predigten oder in den Mitteilungsblättern der Gemeinde, das Festlegen der Zeit, damit eine möglichst große Anzahl von Gemeindemitgliedern an ihr teilnehmen kann, kurzum: diese Vesper zu einem wahrlich geistlichen »Ereignis« werden zu lassen. Denn, um es nochmals zu sagen, nichts könnte den Sinn der Fastenzeit als die »gewaltige Zeit« des Bereuens und der Versöhnung und des Beginns einer in Gemeinschaft vollzogenen Reise besser verdeutlichen als dieser Vesper-Gottesdienst.

Die nächste »Priorität« sollte dann der ersten Woche der Fastenzeit eingeräumt werden. Man sollte eine besondere Anstrengung unternehmen, um wenigstens ein- oder zweimal bei dem Großen Kanon des heiligen Andreas zugegen zu sein. Wie wir bereits sahen, liegt die liturgische Funktion dieser ersten Tage darin, uns in die geistliche »Stimmungslage« der Fastenzeit zu versetzen, die wir als »glanzausstrahlende Traurigkeit« qualifiziert haben.

Dann muß man unbedingt wenigstens einmal in der gesamten Zeit des Großen Fastens einen ganzen Abend der *Liturgie der Vorgeweihten Gaben* und der geistlichen Erfahrung, die diese mit sich bringt, widmen: Totales Fasten und das Verbringen wenigstens eines Tages in der wirklichen Erwartung des Gerichtes und der Freude. Es ist nicht annehmbar, die Lebensbedingungen, den Zeitmangel usw. als Entschuldigung ins Feld zu führen, denn wenn wir nur das erfüllen, was zu unseren Lebensbedingungen ohne Schwierigkeiten »paßt«, dann hat selbst das Erwähnen der Bemühungen in der Fastenzeit keinen Sinn mehr. Es gilt nicht erst für das zwanzigste Jahrhundert, sondern sicherlich bereits seit Adam und Eva, daß »diese Welt« immer ein Hindernis für die Erfüllung der Anforderungen Gottes darstellt. Es gibt jedoch nichts Besonderes oder Neues in unserer heutigen »Lebensweise«. Schließlich hängt alles wieder davon ab, ob wir die Religion *ernst* nehmen oder nicht. Wenn wir es machen, sind acht oder zehn im Jahr in der Kirche zusätzlich verbrachte Abende sicherlich nur ein minimaler Aufwand. Machen wir es nicht, dann berauben wir uns selbst nicht nur der Schönheit und der Tiefe der Dienste der Fastenzeit, nicht nur einer notwendigen geistlichen Bereicherung und Hilfe, sondern gerade dessen, was das Fasten wirkungsvoll und sinnvoll macht. Das werden wir im nächsten Abschnitt weiter ausführen.

3. »... Sondern nur durch Beten und Fasten«

Es gibt keine Fastenzeit ohne Fasten. Indessen nehmen heutzutage viele das Fasten scheinbar nicht mehr ernst oder, wenn sie es ernst nehmen, dann verkennen sie seine wahre spirituelle Zielsetzung. Für einige besteht das Fasten im symbolischen »Verzicht« auf bestimmte Dinge; für andere bedeutet es die peinlich genaue Beachtung von Ernährungsregeln. In beiden Fällen jedoch wird das Fasten selten in Beziehung gesetzt zu den Mühen der Fastenzeit in ihrer Gesamtheit. Hier wie woanders auch, müssen wir zunächst versuchen, die Lehre der Kirche in bezug auf das Fasten zu verstehen und uns anschließend fragen: Wie läßt sich diese Unterweisung in unserem Leben umsetzen?

Das Fasten oder der Verzicht auf Nahrung ist nicht eine rein christliche Praxis. Das gab und gibt es auch in anderen Religionen, ja sogar außerhalb der Religion, wie z. B. bei bestimmten besonderen Heilverfahren. In unseren Tagen fastet man oder übt

Abstinenz aus allen möglichen Gründen, politische mit inbegriffen. Es ist deshalb wichtig, den spezifisch christlichen Gehalt des Fastens darzulegen. Er wird uns zunächst erhellt in der gegenseitigen Abhängigkeit zweier Ereignisse, die wir in der Bibel finden: das eine zu Beginn des Alten Testamentes, das andere zu Beginn des Neuen Testamentes. Das erste Ereignis ist das »Brechen des Fastens« durch Adam im Paradies. Er aß von der verbotenen Frucht. Auf diese Weise wird uns die Erbsünde des Menschen enthüllt. Christus, der Neue Adam - und dies ist das zweite Ereignis - beginnt mit Fasten. Adam wurde versucht und erlag der Versuchung; Christus wurde versucht und bestand die Versuchung. Die Folge der Schwäche Adams waren die Vertreibung aus dem Paradies und der Tod. Die Frucht des Sieges Christi waren die Überwindung des Todes und unsere Rückkehr ins Paradies. Der Platz reicht nicht aus, um hier in Einzelheiten den Sinn dieser Parallelität zu erörtern; aber, es ist indessen klar, daß uns unter diesem Blickwinkel das Fasten als eine entscheidende Angelegenheit von äußerster Bedeutung erscheinen muß. Es ist nicht einfach eine »Verpflichtung«, ein Brauch; es *ist* gebunden an das Mysterium selbst des Lebens und des Todes, des Heiles und der Verdammnis.

Die Orthodoxie lehrt, daß die Sünde nicht nur die Übertretung einer Vorschrift ist, die eine Züchtigung nach sich zieht; sie ist immer eine Verstümmelung des Lebens, das Gott uns gegeben hat. Aus diesem Grunde wird uns die Geschichte der Erbsünde im Akt des Essens dargestellt. Denn die Nahrung ist das Mittel zum Leben, sie ist es, die uns am Leben hält. Aber das ist die entscheidende Frage: Was heißt das, leben und was bedeutet »das Leben«?

In unseren Tagen hat der Begriff vor allem einen biologischen Sinn bekommen: das Leben ist genau genommen das, was von der Nahrung und in einem allgemeinen Sinne, von der stofflichen Welt abhängig ist. Aber für die Heilige Schrift und die Christliche Tradition ist leben »nur vom Brot allein« nichts anderes als sterben, weil es ein dem Tode ausgeliefertes Leben ist, in dem der Tod immer wirksam ist. Gott hat, so sagt man, den »Tod nicht geschaffen«; Gott ist der Spender des Lebens. Wieso konnte dann das Leben sterblich werden? Warum ist von allem, was existiert, der Tod die einzige absolute Bedingtheit?

Die Kirche antwortet: Weil der Mensch das Leben so, wie Gott es ihm anbot und ihm gab, zurückgewiesen hat und ein Leben vorgezogen hat, das nicht einzig von Gott abhing, sondern »vom Brot allein«. Er hat nicht nur Gott den Gehorsam verweigert, wofür er bestraft wurde. Er wandelte die Beziehung zwischen sich und der Welt von Grund auf um. Um es genau zu sagen: Die Schöpfung wurde ihm von Gott als »Nahrung«, als Mittel zum Leben gegeben. Aber dieses Leben sollte Verbindung mit Gott sein; es hatte in ihm nicht nur sein Ziel, sondern auch seine Fülle. »In ihm war das Leben, und das Leben war das Licht der Menschen«. Die Welt und die Nahrung wurden also geschaffen als Mittel der Verbindung mit Gott, und nur wenn sie um Gottes Willen aufgenommen wurden, konnten sie Leben geben. In sich selbst trägt die Nahrung kein Leben. Einzig Gott allein hat das Leben und ist das Leben. In der Nahrung ist Gott selbst der Grund des Lebens - und nicht die Kalorien. Also, essen, leben, Gott kennen und in Verbindung mit Ihm stehen waren ein und dieselbe Sache. Die unergründliche Tragödie Adams ist, daß er für sich selbst aß. Mehr noch, er aß »getrennt« von Gott, um von ihm unabhängig zu sein. Und er tat es, da er glaubte, daß die Nahrung das Leben in sich selbst hätte und daß er, indem er aß, sein könnte wie Gott, d. h.

das Leben in sich selbst haben könnte. Um es einfach auszudrücken; *er setzte sein Vertrauen auf die Nahrung*, wohingegen das einzige Objekt des Glaubens, des Vertrauens, der Abhängigkeit Gott ist und nur Gott. Die Welt, die Nahrung wurden sein Gott, die Quelle und die Grundlage seines Lebens. Und er wurde deren Sklave. Adam bedeutet im Hebräischen »Mensch«. Das ist mein Name, unser aller Name. Der Mensch ist noch Adam, der Sklave der »Nahrung«. Er kann vorgeben, an Gott zu glauben, aber Gott ist nicht sein Leben, seine Nahrung, derjenige, der seine ganze Existenz umfängt. Er kann vorgeben, daß er sein Leben von Gott empfängt, aber er lebt nicht in Gott und für Gott. Sein Wissen, seine Erfahrung, sein Selbstbewußtsein beruhen alle auf derselben Grundlage: »nur vom Brot allein«. Wir essen, um zu leben, aber wir leben nicht in Gott. Das ist die Sünde aller Sünden. Das ist der Urteilsspruch des unserem Leben anhaftenden Todes.

Christus ist der Neue Adam. Er kommt, um den Schaden, der dem Leben durch Adam zugefügt wurde, wieder zu beheben, um dem Menschen das wahre Leben wieder zu schenken, und so beginnt er mit Fasten. »Als er vierzig Tage und vierzig Nächte gefastet hatte, war er hungrig« (Mt 4,2). Der Hunger ist der Zustand, in dem wir gewahr werden, daß wir von einer anderen Sache abhängig sind, wenn wir das dringende und zwingende Verlangen nach Nahrung verspüren. Das zeigt uns, daß wir kein Leben in uns haben. Der Hunger ist jene Grenze, jenseits der ich entweder an Entkräftung sterbe oder, nachdem ich meinem Körper Genüge getan habe, ich erneut den Eindruck habe zu leben. Mit anderen Worten: Es ist der Moment, wo sich die grundlegende Frage stellt: Wovon hängt mein Leben ab? Und da es sich nicht um eine rein theoretische Frage handelt, da ich sie ja mit meinem ganzen Körper empfinde, ist das auch die Zeit der Versuchung. Satan suchte Adam im Paradiese auf und er suchte Christus in der Wüste auf. Er kam zu zwei hungrigen Menschen und sprach zu ihnen: »Eßt! Denn euer Hunger ist der Beweis dafür, daß ihr ganz von der Nahrung abhängt, daß euer Leben in der Nahrung ist.« Und Adam glaubte es und aß; Christus aber wies diese Versuchung zurück und sprach: »Der Mensch lebt nicht vom Brot allein, sondern von Gott.« Er weigerte sich, die kosmische Lüge anzunehmen, die der Satan in diese Welt trägt. Er machte diese Lüge zu einer offenbaren Wahrheit, die nicht einmal mehr in Frage gestellt wird. Sie ist zum Fundament unserer Sicht von der Welt, der Wissenschaft, der Medizin und vielleicht sogar der Religion geworden. Hierdurch hat Christus das Band zwischen der Nahrung, dem Leben und Gott wieder hergestellt, das Adam zerrissen hatte und das wir noch jeden Tag zerreißen.

Was bedeutet das Fasten für uns Christen?

Es ist unser Eintritt in und unsere Teilnahme an dieser Erfahrung Christi selbst, durch die er uns von unserer völligen Abhängigkeit bzgl. der Nahrung, der Materie und der Welt befreit. Allerdings ist unsere Befreiung nicht vollständig; denn, da wir noch in dieser gefallenen Welt, der Welt des Alten Adam, leben und zu ihr gehören, sind wir weiterhin von der Nahrung abhängig. Aber ganz so wie unser Tod, durch den wir noch gehen müssen, kraft des Todes Christi zu einem Durchgang zum Leben geworden ist, so kann das durch die Nahrung, die wir aufnehmen, erhaltene Leben zu einem Leben in Gott und für Gott werden. Ein Teil unserer Nahrung ist bereits »Nahrung der Unsterblichkeit« geworden: der Leib und das Blut Christi selbst. Aber selbst das tägliche Brot, das wir von Gott empfangen, kann in diesem Leben und in dieser Welt eher etwas sein, das uns stärkt und unsere Verbindung mit Gott festigt, als daß es uns von ihm trennen würde. Indessen, einzig das Fasten kann diese Umgestaltung bewirken und uns den existentiellen Beweis liefern, daß unsere Abhängigkeit von der Nahrung und von der Materie weder eine allumfassende noch eine absolute ist, und daß sie sogar in Verbindung mit dem Gebet, der Gnade und der Anbetung, vergeistigt werden kann.

Dieses alles bedeutet, daß das Fasten, in seiner ganzen Tiefe verstanden, das einzige Mittel für den Menschen darstellt, seine wahre geistige Natur wieder herzustellen. Es handelt sich um ein nicht theoretisches, sondern wahrlich konkretes Aufbegehren gegen den Lügner, dem es gelungen war, uns davon zu überzeugen, daß wir nur des Brotes bedürften, und der auf diese Lüge jede menschliche Kenntnis, jede menschliche Wissenschaft und jede menschliche Existenz gegründet hat. Das Fasten entlarvt diese Lüge und weist sie als solche nach. Es ist sehr bezeichnend, daß Christus anläßlich seines Fastens auf Satan traf und daß er später davon sprach, daß Satan nicht anders besiegt werden könnte *»als durch Fasten und Beten«*. Das Fasten ist der eigentliche Kampf gegen den Teufel, weil es den Widerstand gegen das einzigartige und allumfassende Gesetz darstellt, das ihn zum »Fürsten dieser Welt« macht. Wenn nun aber jemand Hunger hat und gleichzeitig entdeckt, daß er von diesem Hunger in Wahrheit unabhängig sein kann, nicht durch ihn vernichtet wird, sondern ihn ganz im Gegenteil in eine Quelle geistiger Energie und eines Sieges umgestalten kann, dann hat nichts mehr Bestand von dieser großen Lüge, in der wir seit Adam gelebt haben.

Wie weit haben wir uns nunmehr von der gängigen Auffassung gelöst, das Fasten sei eine bloße Änderung der Ernährungsweise, eine Vorschrift, was verboten und was erlaubt sei. Das ist alles vordergründige Heuchelei! Schließlich bedeutet Fasten nur eins: *Hunger haben*, bis an die Grenze der menschlichen Verfassung gehen, die ganz und gar von der Nahrung abhängt, und in diesem Zustand des Hungers zu entdecken, daß diese Abhängigkeit nicht die ganze Wahrheit bezüglich d es Menschen ist, daß der Hunger selbst vor allem ein geistiger Zustand ist und daß er letztendlich in Wirklichkeit ein *Hunger nach Gott* ist. In der Urkirche bedeutete das Fasten immer eine totale Enthaltsamkeit, ein Zustand des Hungerns, der den Körper an eine äußerste Grenze treibt. Hierin erkennen wir jedoch auch, daß das Fasten, als reine körperliche Anstrengung betrachtet, ohne Sinn bleibt, wenn es nicht von seinem geistigen Gegenstück »... *durch Fasten und Beten*« begleitet wird. Das bedeutet, daß, wenn wir keine entsprechende geistige Anstrengung unternehmen, wenn wir uns nicht von der Göttlichen Wirklichkeit nähren, wenn wir nicht entdecken, daß wir völlig von Gott und nur von Gott abhängen, unser körperliches Fasten Selbsttötung bedeuten würde. Wenn Christus selbst versucht wurde, als er gefastet hatte, haben wir nicht die geringste Möglichkeit, dieser Versuchung zu entgehen. Das körperliche Fasten, so wesentlich es auch sein mag, ist nicht nur ohne Sinn, sondern es ist in Wahrheit gefährlich, wenn es von dem geistigen Bemühen, von dem Gebet und der Konzentration auf Gott abgetrennt bleibt. Das Fasten ist eine Kunst, die einzig die Heiligen beherrschen. Es würde für uns anmaßend und gefährlich sein, wollten wir diese Kunst ohne Beurteilungsvermögen und Besonnenheit ausüben. Jede Liturgie der Fastenzeit ist ein ständiges In-Erinnerung-Rufen der Schwierigkeiten, der Hindernisse und Versuchungen, die diejenigen erwarten, die meinen, sich auf ihren Willen verlassen zu können und sich nicht auf Gott verlassen zu müssen.

Dies ist der Grund, warum wir vor allem eine geistige Vorbereitung auf die Anstrengung des Fastens nötig haben. Sie besteht darin, Hilfe von Gott zu erbitten und unser Fasten auf Gott auszurichten. Aus Liebe zu Gott sollen wir fasten. Wir müssen unseren Körper als Tempel der göttlichen Gegenwart wiederentdecken, eine religiöse Achtung des Körpers, der Nahrung, ja sogar des Lebensablaufs wiederfinden. All dieses sollte geschehen sein, bevor wir mit dem eigentlichen Fasten beginnen; und zwar in der Weise, daß wir, wenn wir es beginnen, mit geistigen Waffen, mit einer Zielvorstellung, mit Kampfgeist und mit Siegeszuversicht gewappnet sind.

Dann kommt die Zeit des Fastens selbst. Nach dem, was wir weiter oben gesagt haben, sollte es auf zwei Ebenen durchgeführt werden: der des *asketischen Fastens* und der des *totalen Fastens*. Das *asketische* Fasten besteht in einer energischen Verminderung der Nahrung in der Art, daß ein dauernder Zustand eines gewissen Hungergefühls erfahren wird als Erinnerung an Gott und als ständige Aufforderung, unseren Geist auf Ihn orientiert zu halten. Wer es auch praktiziert, und sei es nur ein wenig, weiß, daß dieses asketische Fasten uns bei weitem nicht schwächt, sondern uns im Gegenteil unbeschwert, gesammelt, maßvoll, froh und geläutert werden läßt. Dann nimmt man die Nahrung als ein wahres Geschenk Gottes entgegen; man ist innerlich ständig auf diese Welt ausgerichtet, die auf unerklärliche Weise von selbst zu einer Art Nahrung wird. Was die Menge, die Häufigkeit und die Qualität der aufzunehmenden Nahrung bei diesem asketischen Fasten angeht, können wir an dieser Stelle nicht weiter ausführen. Das alles hängt von unseren persönlichen Fähigkeiten und den äußeren Lebensbedingungen eines jeden einzelnen ab. Aber das Prinzip ist klar: es ist ein Zustand, in dem man ein leichtes Hungergefühl verspürt, dessen »negative« Natur immer in eine *»positive« Kraft* durch Gebet, Sich-Erinnern, Aufmerksamkeit und Konzentration umgewandelt wird. Was das *strenge* Fasten anbetrifft; dieses ist notwendigerweise in seiner Länge begrenzt und an die Eucharistie gebunden. Bei den Bedingungen unseres augenblicklichen Lebens ist es das beste, es an dem Tage einzuhalten, an dem abends die Präsanktifikaten-Liturgie gefeiert wird. Sei es, daß wir an dem Tage von frühmorgens an, sei es, daß wir ab mittags fasten, wesentlich ist es, ihn als einen Tag der Erwartung, der Hoffnung, des Hungers nach Gott selbst zu verbringen. Es handelt sich um eine Konzentration im Geistigen auf das, was kommen wird, auf die Gabe, die man empfangen wird und für die man alle anderen Gaben zu opfern bereit ist.

Obgleich bereits erwähnt, muß man sich nochmals in Erinnerung rufen, daß unser Fasten, so begrenzt es auch sein mag, in die Versuchung, in die Schwäche, zu Zweifeln und zur Verwirrung führen wird, wenn es ein wirkliches Fasten ist. Mit anderen Worten, es wird ein wirklicher Kampf werden, in dem wir wahrscheinlich einige Male unterliegen werden. Aber der wesentliche Gesichtspunkt des Fastens ist gerade die Entdeckung des christlichen Lebens als Kampf und als ein Sich-Mühen. Ein Glaube, der sich nicht über die Zweifel und die Versuchung hinwegsetzt, ist selten wirklicher Glaube. Leider ist in dem christlichen Leben kein Fortschritt ohne die bittere Erfahrung der Niederlage möglich. Zu viele Leute beginnen mit Begeisterung zu fasten, um dann bei dem ersten Schwachwerden aufzugeben. Ich würde sagen, die wahre Prüfung fällt genau mit diesem ersten Fall zusammen: wenn wir uns, nachdem wir schwach geworden waren und unseren Begierden und Leidenschaften freien Lauf gelassen hatten, wieder mutig an die Aufgabe machen, ohne aufzugeben, egal, wie häufig wir schwach werden, dann wird früher oder später unser Fasten geistige Früchte tragen, gleichgültig, wie häufig wir vorher schwach geworden sind. Zwischen der Heiligkeit und einem entzauberten Zynismus ist Platz für die große und göttliche Tugend der *Geduld* - der Geduld vor allem mit sich selbst. Es gibt keine Abkürzung, um zur Heiligkeit zu gelangen; für jeden Schritt vorwärts muß man den vollen Preis entrichten. Es ist deshalb besser und sicherer, mit einem Minimum, das gerade ein wenig über unseren natürlichen Möglichkeiten liegt, zu beginnen und unsere Anstrengung schrittweise zu vergrößern als zu versuchen, zu Beginn sehr hoch zu springen und sich beim Sturz zur Erde die Knochen zu brechen.

Fassen wir zusammen: Wir müssen von einem symbolischen und rein formalen Fasten, das als Verpflichtung und Gewohnheit verstanden wird, zu dem *wahren* Fasten zurückfinden, wenn es auch bescheiden und begrenzt ist, wenn es nur ernsthaft und wirklich gewollt ist. Schätzen wir ehrlich unsere physischen und geistigen Fähigkeiten ein, handeln wir konsequent und erinnern wir uns jedesmal daran, daß es kein Fasten gibt, das nicht an die Grenzen dieser Fähigkeiten stößt und das nicht den göttlichen Beweis in unserem Leben erbringt, daß Dinge, die dem Menschen unmöglich sind, für Gott sehr wohl möglich sind.

4. Ein »Lebensstil« für die Fastenzeit

Das Bemühen in der Fastenzeit beschränkt sich nicht nur auf die Teilnahme an den liturgischen Diensten, an dem Fasten und an dem zu bestimmten Zeiten stattfindenden Gebet. Diese praktischen Betätigungen wenigstens sollten, um wirksam zu sein und um einen rechten Sinn zu haben, durch die ganze Lebensweise getragen sein. Mit anderen Worten, sie bedürfen eines »Lebensstils«, der nicht in Widerspruch zu ihnen steht, der die eigene Existenz nicht »zweiteilt«. In den orthodoxen Ländern bot früher die Gesellschaft selbst diese Unterstützung, die eine Reihe von Bräuchen, äußerlichen Veränderungen, Gesetzen und Regelungen für den öffentlichen und privaten Bereich umfaßte, was im Englischen teilweise mit dem Wort »culture« bezeichnet wird und wofür man im Russischen den Begriff »byt« kennt.

Die ganze Gesellschaft akzeptierte für die Fastenzeit einen gewissen Lebensrhythmus und gewisse Regeln, welche die Mitglieder dieser Gesellschaft ständig daran erinnerten daß sie in der Zeit des Fastens lebten. In Rußland beispielsweise konnte man das nie vergessen, schon alleine wegen der besonderen Art, in der die Kirchenglocken geläutet wurden; die Theater waren geschlossen und in weiter zurückhegenden Zeiten unterbrachen die Gerichte ihre Tätigkeiten. Alle diese äußeren Gegebenheiten waren offenbar von sich aus nicht in der Lage, den Menschen auf die Reue und ein intensiveres religiöses Leben zu verpflichten; aber sie schufen eine gewisse Atmosphäre, in gewisser Weise ein Fastenklima, das die persönliche Anstrengung erleichterte. Wir sind schwach und wir bedürfen äußerer Anstöße, Symbole und Zeichen. Es besteht naturgemäß die Gefahr, daß diese äußeren Zeichen zum Selbstzweck und nach allgemeiner Meinung zum eigentlichen Inhalt der Fastenzeit werden, anstatt einfache Erinnerungen zu sein. Wir haben bereits weiter oben diese Gefahr angedeutet, als wir von den Bräuchen und äußeren Praktiken sprachen, die an die Stelle eines wahrhaft persönlichen Bemühens treten können. Wohl verstanden können diese Bräuche indes sehr wohl ein »Band« sein, das die geistlichen Bemühungen mit dem Leben in seiner Ganzheit zu einer Einheit verknüpft.

Wir leben nicht in einer orthodoxen Gesellschaft und es ist auch nicht möglich, ein »Fastenklima« auf der Ebene der Gesellschaft zu schaffen. Ob Fastenzeit oder nicht, die uns umgebende Welt, deren integraler Bestandteil wir sind, ändert sich deshalb sowieso nicht. Folglich erfordert diese Situation von uns eine neuartige Anstrengung, um die notwendigerweise zwischen dem »Äußeren« und dem »Inneren« bestehende Verbindung zu überdenken. Das geistliche Drama des Säkularismus stößt uns in eine tatsächliche religiöse Schizophrenie, die unser Leben in zwei Bereiche trennt: den religiösen Teil und den weltlichen Teil, deren gegenseitige Abhängigkeiten immer mehr schwinden. Eine spirituelle Anstrengung ist erforderlich, um die mit der Tradition überkommenen Bräuche und Erinnerungen wieder zu einer Stütze unserer Fastenbemühungen werden zu lassen. Versuchsweise und in einer notwendigerweise schematisierten Form kann man diese Bemühungen mit den Begriffen »private Existenz« bzw. »öffentliche Existenz« umschreiben.

Nach orthodoxer Auffassung bilden häuslicher Bereich und Familie die erste und bedeutendste Umgebung des christlichen Lebens, in der christliche Grundsätze auf das tagtägliche Leben »angewandt« werden. Es sind sicherlich das Zuhause, der eigene Stil und der Geist des Familienlebens und nicht die Schule und nicht einmal die Kirche, die unsere grundlegende Vorstellung von der Welt prägen, die in uns jene grundlegende Orientierung formen, die uns selbst über längere Zeit hinweg nicht bewußt wird, aber die letztendlich zum entscheidenden Faktor wird. - Dostojewskij läßt in *Die Brüder Karamasov* den »Staretz« Zozim sagen: »Ein Mensch, der sich an andenkenswerte Seiten seiner Jugend erinnern kann, ist für sein ganzes Leben gerettet«. Es ist sehr bedeutsam, daß er diese Bemerkung macht, nachdem er sich daran erinnert hatte, wie seine Mutter ihn zur Präsanktifikaten-Liturgie mitgenommen hatte, und in Erinnerung der Schönheit dieses Dienstes und der unvergleichlichen Fastenmelodie: »Laß mein Gebet vor Dich kommen wie Weihrauch vor Dein Angesicht ...« Der bewundernswerte Einsatz für die religiöse Unterweisung, der heute in unseren kirchlichen Schulen erbracht wird, wird nur wenig fruchten, wenn er nicht zuhause im familiären Leben verwurzelt ist. Was kann man, was soll man zuhause während der Fastenzeit tun? Da man hier unmöglich alle Aspekte des Lebens in der Familie ins Auge fassen kann, möchte ich mich auf einen von ihnen beschränken.

Jeder wird sicherlich der Erkenntnis beipflichten, daß sich das gesamte Familienleben durch das Radio und das Fernsehen von Grund auf verändert hat. Diese »Massen-Medien« durchsetzen heute das ganze Leben. Man muß das Haus nicht verlassen, um draußen zu sein! In jedem Moment ist die gesamte Welt zugegen, in meiner Reichweite. Schritt für Schritt verschwindet ganz einfach die elementare Erfahrung eines Lebens inmitten einer inneren Welt und der Schönheit dieses »Innersten« aus unserer zeitgenössischen Kultur. Wenn es nicht das Fernsehen ist, dann ist es die Musik. Die Musik hat aufgehört, etwas zu sein, auf das man lauscht; sie wird schnell eine Art Hintergrundgeräusch für eine Unterhaltung, die Lektüre, die Korrespondenz usw. In der Tat, dieser Zwang zum ständigen Musikhören zeugt von der Unmöglichkeit des modernen Menschen, die Stille zu kosten, sie nicht als eine negative Erscheinung zu begreifen, als pure Abwesenheit, sondern genau genommen als eine Anwesenheit, als die Bedingung für eine ganz wirkliche Anwesenheit. Wenn der Christ seit jeher größtenteils in einer Welt der Stille lebte, die ihm eine breite Möglichkeit bot, sich zu konzentrieren und ein verinnerlichtes Leben zu führen, muß der heutige Christ einen besonderen Aufwand treiben, um diese wesentliche Dimension der Stille wiederzufinden, die alleine nur uns in Kontakt mit den höheren Realitäten bringen kann. Deshalb ist das Problem des Radios und des Fernsehens in der Fastenzeit keineswegs ein Randproblem, sondern unter vielen Gesichtspunkten eine Frage auf Leben und Tod im geistlichen Bereich. Man muß sich sehr wohl darüber klar sein, daß es schlechterdings unmöglich ist, sein Leben zwischen der »glanzausstrahlenden Traurigkeit« und dem »Nachtprogramm« aufzusplitten. Beide sind nicht miteinander verträglich, und das eine von beiden wird möglicherweise das andere töten. Und es ist sehr wahrscheinlich, daß das »Nachtprogramm« mehr Chancen hat, sich gegen die »glanzausstrahlende Traurigkeit« durchzusetzen als umgekehrt, sofern man sich nicht einer besonderen Disziplin befleißigt. Ein erster »Vorschlag« geht dahin, ernstlich die Nutzung des Radios und des Fernsehens in der Fastenzeit einzuschränken. Wir wagen hier nicht, auf ein »totales« Fasten zu hoffen, aber wenigstens auf ein »asketisches«, das, wie wir wissen, vor allem in einer Änderung von Gewohnheiten und einer mengenmäßigen Beschränkung besteht. Es ist nichts dagegen einzuwenden, wenn man weiterhin z. B. die Nachrichten verfolgt oder ernsthafte, interessante Programme auswählt, die geistig und geistlich bereichernd sein können. Während der Fastenzeit soll man aufhören, sich dem Fernsehen »auszuliefern«; dieser Verformung des Menschen zu einem vegetativen Gebilde, das in seinem Fernsehsessel vor dem Bildschirm festklebt und alles passiv in sich aufnimmt, was sich aus dem Fernseher heraus über ihn ergießt, muß Einhalt geboten werden.

Als ich noch Kind war (in der Vor-Fernsehzeit), pflegte meine Mutter in der ersten, vierten und siebten Woche der Fastenzeit das Klavier abzuschließen. Daran kann ich mich noch lebhafter erinnern als an die langen Gottesdienste in der Fastenzeit. Und heute noch entsetzt mich ein laufendes Radio in der Fastenzeit in ähnlicher Weise wie eine Blasphemie. Diese persönlichen Erinnerungen sollen nur illustrieren, welche Eindrücke von außen einwirkende Handlungsweisen in der Seele eines Kindes hinterlassen können. Hier geht es nicht einfach um einen verselbständigten Brauch oder eine Spielregel; es geht darum, daß die Fastenzeit eine besondere Zeit ist, die ständig zugegen ist und die man nicht verlieren, verstümmeln oder zerstören darf. Wie beim Fasten genügen auch hier nicht einfaches Nichtvorhandensein oder Enthaltsamkeit, es bedarf einer positiven Ergänzung.

Die durch die Abwesenheit des Lärms der Welt, der von den Massenmedien hereingetragen wird, verursachte Stille muß mit positivem Inhalt gefüllt werden. Wenn das Gebet unsere Seele nährt, so bedarf auch unser Einsichtsvermögen einer besonderen Nahrung; denn es ist genau der menschliche Intellekt, der heutzutage durch die pausenlose einhämmernde Aufdringlichkeit von Fernsehen, Radio, Zeitungen, Magazinen etc. zerstört wird. Wir regen deshalb zusätzlich zu dem rein geistlichen noch ein intellektuelles Bemühen an. Wie viele Meisterwerke, wie viele wunderbare Früchte des menschlichen Denkens, der Vorstellungskraft und des schöpferischen Geistes vernachlässigen wir in unserem Leben einfach deshalb, weil es für uns so einfach ist, das Fernsehen einzuschalten oder uns in die völlige Leere eines bebilderten Magazins fallen zu lassen, wenn wir körperlich und geistig erschöpft von der Arbeit nach Hause zurückkehren. Haben wir schon jemals daran gedacht, ein Programm für die Fastenzeit vorzubereiten, eine Liste guter Bücher, die wir während dieser Zeit lesen wollen, im voraus festzulegen? Es müssen ja nicht nur »religiöse« Bücher sein; nicht jedermann ist zum Theologen berufen. Und wieviel implizite »Theologie« gibt es wiederum in gewissen Hauptwerken der Literatur! Alles was unser Einsichtsvermögen bereichert, alles, was authentische Frucht des schöpferischen Geistes des Menschen ist, wird durch die Kirche gesegnet und kann einen geistlichen Wert annehmen, wenn es in rechter Weise genutzt wird.

In dem vorhergehenden Kapitel habe ich erwähnt, daß der vierte und fünfte Sonntag der Fastenzeit dem Gedächtnis zweier Meister der christlichen Spiritualität gewidmet sind: dem *hl. Johannes Klimakos* und der *hl. Maria von Ägypten*. Man kann hierin eine Andeutung dessen erblicken, was die Kirche während der Fastenzeit von uns erwartet: zu versuchen, in geistiger und geistlicher Hinsicht unser Innenleben anzureichern, zu lesen und darüber nachzudenken, was uns am ehesten hilft, diese innere Welt und ihre Freude wiederzufinden. Von dieser Freude, von dieser wahren Berufung des Menschen, die sich im Innern und nicht im Äußeren erfüllt, vermittelt uns die moderne Welt heute nicht die geringste Vorstellung; aber ohne diese Freude und ohne die Fastenzeit als eine Reise zu den Tiefen unseres menschlichen Wesens zu verstehen, verliert die Fastenzeit jeglichen Sinn.

Ferner, was könnte denn wohl der Sinn der Fastenzeit sein, während der langen Stunden, die wir außerhalb von zuhause auf dem Weg zur bzw. von der Arbeit, am Schreibtisch in Ausübung unserer beruflichen Verpflichtungen, bei Besprechungen mit Kollegen und Freunden verbringen? Obgleich man hier, nicht mehr als anderswo auch, kein ausgefeiltes »Rezept« geben kann, lassen sich wohl einige sehr allgemeine Überlegungen vorbringen.

Die Fastenzeit ist in erster Linie geeignet, den unglaublich oberflächlichen Charakter unserer Beziehungen zu den Menschen, Dingen und der Arbeit kritisch zu betrachten. Die Schlagworte: »Immer nur lächeln« und »Nimm die Dinge wie sie sind!« sind die wirklich hohen »Anweisungen«, denen wir so freudig folgen und die bedeuten: Engagiere dich nicht, stelle keine Frage, vertiefe deine Beziehungen zu den anderen nicht; halte die Spielregeln ein, die eine freundliche Haltung mit totaler Gleichgültigkeit verbinden und alle im Hinblick auf materiellen Gewinn, Vorteilsnahme und Vorwärtskommen zielen. Anders ausgedrückt: Werde Teil einer Welt, die beständig die großen Worte »Freiheit«, »Verantwortung«, »Hingabe« usw. im Munde führt und die *tatsächlich* dem materialistischen Grundsatz huldigt, daß der Mensch ist, was er ißt. Die Fastenzeit ist die Zeit der Sinnsuche, des Sinnes meines beruflichen Lebens als Berufung, des Sinnes meiner Beziehung zu anderen, des Sinnes der Freundschaft, des Sinnes der Verantwortung. Es gibt keine berufliche Tätigkeit oder Berufung, die nicht wenigstens in geringem Umfang »umgestaltet« werden könnte, zwar nicht im Sinne einer größeren Wirksamkeit oder besseren Organisation, sondern im Hinblick auf ihren menschlichen Wert. Bei dem, was von uns hier gefordert wird, geht es um das eigentliche Bemühen, um »Verinnerlichung« aller unserer Beziehungen, denn wir sind freie Menschen, die jedoch - oft ohne es zu wissen - zu Gefangenen von Systemen geworden sind, die fortschreitend die Welt entmenschlichen. Und unser Glaube kann nur Sinn haben, wenn er in Bezug zum Leben in seiner ganzen Vielfalt gebracht wird. Viele Menschen meinen, daß notwendige Veränderungen nur von außen, durch Revolutionen und Umgestaltung der äußeren Bedingungen kommen können. Aber als Christen müssen wir zeigen, daß in Wirklichkeit alles aus dem *Innern*, dem Glauben und einem dem Glauben gemäßen Leben entspringt. Als die Kirche in der griechisch-römischen Welt Fuß faßte, prangerte sie nicht die Sklaverei an noch rief sie nach Revolution. Es waren ihr eigener Glaube, ihr neues Bild vom Menschen, die fortschreitend die Sklaverei unmöglich machten. Ein Heiliger - und »heilig« bezeichnet hier einfach einen Menschen, der in jedem Moment seinen Glauben ernst nimmt - wird mehr zum Wandel der Welt beitragen als tausend gedruckte Programme. Der Heilige ist in dieser Welt der wahre Revolutionär.

Schließlich ist die Fastenzeit, und das wird unser letzter allgemeiner Hinweis sein, die Zeit, in der wir versuchen sollen, unsere Worte zu beherrschen. Unsere Welt ist in einem erschreckenden Maße wortorientiert; ständig werden wir von Wörtern, die ihren Sinn und deshalb ihre Aussagekraft verloren haben, überflutet. Das Christentum hat den geheiligten Charakter des Wortes, das dem Menschen als wahrhaft göttliche Gabe geschenkt wurde, offenbar gemacht. Deshalb sind unsere Worte mit außerordentlicher Macht ausgestattet, im Positiven wie im Negativen. Und deshalb werden wir auch nach unseren Worten gerichtet: »Ich sage euch aber: über jedes unnütze Wort, das die Menschen reden, werden sie Rechenschaft ablegen müssen am Tage des Gerichtes. Denn nach deinen Worten wirst du gerechtgesprochen, und nach deinen Worten wirst du verurteilt werden« (Mt 12,36-37). Seine Worte beherrschen heißt, in ihnen ihre Schwergewichtigkeit und ihren geheiligten Charakter wiederzufinden; es heißt auch zu verstehen, daß eine manchmal gedankenlos ausgesprochene »harmlose« scherzhaft gemeinte Bemerkung verheerende Folgen haben kann, die vielleicht als »letzter Anstoß« einen Menschen in tiefe Verzweiflung und Niedergeschlagenheit stürzen kann. Aber das Wort kann auch ein Zeugnis sein. Ein zufälliges Gespräch im Büro mit den Kollegen kann mehr zur Vermittlung einer Vorstellung vom Leben, einer Haltung den anderen Menschen oder der Arbeit gegenüber beitragen als eine ganze Rede. Dieses Gespräch kann Ausgangspunkt für weitergehende Fragen sein, die auf die Möglichkeit einer geänderten Lebensgestaltung oder auf den Wunsch, mehr darüber zu erfahren, abzielen können.

Wir haben keine Vorstellung davon, bis zu welchem Punkt wir tatsächlich durch unsere Worte oder auch nur durch unsere persönliche »Art« einander gegenseitig ständig beeinflussen. Schließlich sind die Menschen auf Gott ausgerichtet, nicht weil jemand sie mit hoch gestochenen Erklärungen überzeugt hätte, sondern weil sie in ihm dieses Licht, diese Freude, diese Tiefe, dieses Ernstzunehmende, diese Liebe erschaut haben, die alleine die Gegenwart und Macht Gottes in dieser Welt offenbaren.

Wenn also die Fastenzeit, wie wir ganz zu Anfang gesagt haben, für den Menschen die Wiederentdeckung seines Glaubens bedeutet, dann bedeutet es für ihn auch die Wiederentdeckung des Lebens, seines göttlichen Sinns und seiner geheiligten Tiefe. Durch den Verzicht auf Nahrung entdecken wir wieder ihren Wohlgeschmack und lernen von neuem, diese von Gott mit Freude und Dankbarkeit entgegenzunehmen. Indem wir die mit musikalischen Darbietungen, Zerstreuungen, Gesprächen und oberflächlichen Unterhaltungen verbrachte Zeit »zurückschrauben«, werden wir den letzten Wert der zwischenmenschlichen Beziehungen, der Arbeit des Menschen und seiner Kunst wiederentdecken. Wir entdecken dieses alles, weil wir ganz einfach *Gott selbst wiederentdecken* und in ihm zu allem zurückkehren, was er uns in seiner unendlichen

Liebe und in seiner unendlichen Barmherzigkeit geschenkt hat. Deshalb singen wir in der Osternacht:

> *»Nun ist alles mit Licht erfüllt,*
> *Himmel und Erde und Totenwelt,*
> *die ganze Schöpfung feiert Christi Auferstehung,*
> *in dem sie gegründet ist.«*

Diese Erwartung enttäusche nicht, o Freund der Menschen!

Historische Anmerkungen

Die Große Fastenzeit in der uns bekannten Form ist das Ergebnis einer langen und äußerst komplexen historischen Entwicklung, deren einzelne Fakten noch nicht alle völlig geklärt sind. Mehrere Fragen harren noch einer Beantwortung und vieles bleibt noch zu tun, selbst im Hinblick auf Fragestellungen, die alles andere als von zweitrangiger Natur sind. Im folgenden wird eine kurze Zusammenstellung der am besten bekannten Tatbestände gegeben.

Gesichert scheint, daß zu Mitte des zweiten Jahrhunderts die Kirche nur ein sehr kurzes Fasten vor der jährlichen Feier des Pascha kannte. Selbst dieses Fasten wurde von Ort zu Ort sehr unterschiedlich gehandhabt. Zu der Meinungsverschiedenheit bzgl. des Osterfestes schreibt der heilige Irenäos von Lyon, daß die unterschiedlichen Auffassungen sich »nicht nur auf den Tag, sondern auch auf den eigentlichen Charakter des Fastens bezogen; denn gewisse Leute meinen, man müsse einen einzigen Tag fasten, andere meinen zwei Tage, wieder andere denken an noch mehr Tage; einige geben ›ihrem‹ Tag eine Dauer von vierzig Stunden, den Tag und die Nacht mit eingeschlossen ... Solch unterschiedliche Auffassungen in der Praxis datieren nicht aus unserer Zeit, sondern sind älteren Datums und gehen zurück auf unsere Vorgänger« (zitiert in *Eusebios*, Hist. Eccl. 5, 24,12; s. a. *Hippolyt von Rom*, Apostolische Tradition 2, 20,2-9 und 21,1-5; und *Tertullian*, Über die Taufe, 19).

Ein Jahrhundert später läßt sich bereits feststellen, daß das vorösterliche Fasten, in einigen Gebieten wenigstens, auf eine ganze Woche ausgedehnt worden war (daraus wurde in unserem heutigen Sprachgebrauch die »Heilige und Große Woche«). In der *Didascalia Apostolorum* lesen wir zum Beispiel: »... deshalb sollt ihr fasten zu den Tagen des Pascha vom zweiten Tag der Woche (d. h. montags) an und aushalten bei Brot, Salz und Wasser nur um die neunte Stunde bis zum fünften Tag (d. h. donnerstags). ... Aber am Freitag und Samstag fastet gänzlich, ohne etwas zu euch zu nehmen« (ed. R.H. Connolly, 1929, S. 189). Dann »gibt es leider eine Lücke von beinahe fünfundsiebzig Jahren ... vor dem frühesten Hinweis auf eine Fastenzeit von vierzig Tagen« (*A. Allan McArthur*, The Evolution of the Christian Year, London 1953, S. 115). Von diesem Hinweis jedoch, der sich im Kanon 5 des Konzils von Nikaia findet, »erhalten wir den Eindruck, daß die Fastenzeit nicht eine kürzliche Neuerung, sondern etwas bereits Vertrautes ist« (*McArthur*, S. 125). Aber wann, wo und wie hat sich das ursprüngliche vorösterliche zwei- bis sechstägige Fasten zu den Vierzig Tagen entwickelt? Auf diese Frage geben die Liturgiewissenschaftler zwei verschiedene Antworten. Gemäß einigen unter ihnen ist unsere heutige Fastenzeit das Ergebnis einer

»Vermischung« des bereits oben erwähnten vorösterlichen Fastens und eines anderen Fastens, das ursprünglich ohne Bezug zum Osterfest war und dem Gedächtnis des Fastens Christi in der Wüste nach seiner Taufe gewidmet war. Diese Fastenzeit hatte keinen Bezug zu Ostern, wohl aber zu Epiphanie, und begann am 7. Januar. Die Verbindung beider erfolgte unter dem Einfluß des Katechumenates und der Praxis, die Katechumenen vor Ostern auf die Taufe vorzubereiten (s. *A. Baumstark*, Liturgie comparée, S. 208 und *J. Daniélou*, Le Symbolisme des Quarantes Jours, *La Maison Dieu* 31 [1952] 19). Andere Fachleute der Liturgiegeschichte nehmen an, daß die Vierzig Tage aus einer zunehmenden Ausdehnung des vorösterlichen Fastens entstanden sind und daß ihr Ursprung an die Einrichtung des Katechumenates gebunden war (s. *McArthur*, S. 114ff.; *G. Dix*, The Shape of the Liturgy, S. 354). Die erste Hypothese finde ich persönlich nicht wirklich überzeugend, wenigstens, wenn man ihr einen allgemeinen Wert beimessen will; aber keine Lösung drängt sich zur Zeit mit letzter Klarheit auf.

Wie dem auch sei, im vierten und fünften Jahrhundert ist das vorösterliche Fasten unter der Bezeichnung »Die Vierzig Tage« (Quadragesima, Τεσσαρακοστή) eindeutig eine allgemein anerkannte Einrichtung. Aber noch im fünften Jahrhundert wird von den Kirchenhistorikern Sokrates und Sozomenos eine große Verschiedenartigkeit ihrer Durchführung bestätigt: »Das Fasten vor Ostern«, schreibt Sokrates, »wird von Ort zu Ort unterschiedlich gehandhabt. In Rom fastet man drei Wochen ohne Unterbrechung, außer samstags und sonntags, während man in Illyrien, in Griechenland und in Alexandrien das Fasten während sechs Wochen vor Ostern einhält und es »Die Vierzig Tage« nennt; andere beginnen sieben Wochen vor dem Fest zu fasten« (*Sokrates*, His. Eccles. 5,22). Sozomenos, ein etwas jüngerer Zeitgenosse des Sokrates, überliefert uns einen identischen Hinweis: »Mit den sogenannten Vierzig Tagen vor Pascha, die dem Fasten gewidmet sind, beginnen manche Leute sechs Wochen vorher; das ist der Fall in Illyrien und bei den Christen im Westen, in Libyen, in Ägypten und in Palästina; aber andere beginnen sie sieben Wochen vorher wie die Einwohner von Konstantinopel und der benachbarten Region ... Während dieser sechs oder mehr Wochen fasten einige drei Wochen mit Unterbrechungen, andere drei volle Wochen vor dem Fest und wieder andere, zum Beispiel die Montanisten, nur zwei Wochen« (*Sozomenos*, Hist. eccles., 7,19). Diese Unterschiede sind eindeutig auf die verschiedenen Arten des Verständnisses der »Vierzig Tage« zurückzuführen. Schloß man hierin einerseits die Heilige Woche mit ein, die - wie wir wissen - bereits vor dem Üblichwerden der vierzigtägigen vorösterlichen Zeit und unabhängig von ihr existierte? Waren andererseits auch noch die Samstage und Sonntage mit eingeschlossen, an denen nach einmütiger Überlieferung ein Fasten ausgeschlossen war? In Jerusalem umfaßte die Fastenzeit nach der Peregrinatio Etheriae (27, 1) die Heilige Woche, aber ohne die Samstage und Sonntage. Die Fastenzeit erstreckte sich somit auf acht Wochen mit je fünf Fasttagen, was genau vierzig Tage eines strengen Fastens ergab. Hier wurde mit anderen Worten der Begriff »Vierzig Tage« verstanden als vierzig Tage, an denen gefastet wurde. Der gleiche Brauch wird von dem hl. Epiphanios für Zypern und von dem hl. Johannes Chrysostomos im Jahre 387 für Antiochien bestätigt. In Konstantinopel wie in Ägypten und im Westen hingegen bedeuteten die »Vierzig Tage« im wesentlichen eine Zeit der Vorbereitung, während der man fünf Tage je Woche fastete, aber die als liturgischen Zeitabschnitt auch die beiden wöchentlichen eucharistischen Tage mit einschloß. In einem seiner Festbriefe spricht der hl. Athanasios von Alexandrien über die *Zeit* des Fastens und über das *Fasten* in der Heiligen Woche (s. besonders seinen Festbrief für 330). In Konstantinopel schließen die Vierzig Tage deshalb die Samstage und Sonntage, nicht aber die Heilige Woche, den Lazarus-Samstag und den Sonntag der Palmen mit ein. Im Westen und in Ägypten schloß die Fastenzeit die Heilige Woche und die wöchentlichen eucharistischen Tage mit ein; daraus resultierte sogar ein kürzeres Fasten (s. *A. Chavasse*, La structure du Carême et les lectures des messes quadragésimales dans la liturgie romaine, *La Maison Dieu* 31 [1952] 76-119). Diese Unterschiede riefen sicherlich heftige Auseinandersetzungen hervor. So scheint beispielsweise die Woche der Tyrophagie, die nach dem Typikon von Byzanz den Vierzig Tagen vorhergeht und eine Art achter Woche mit begrenztem Fasten und gewissen fastenliturgischen Besonderheiten der Vierzig Tage bildet, ihren Ursprung in einem Kompromiß mit den palästinensischen Mönchen zu haben, die an ihrer achtwöchigen Fastenzeit festhielten und sich gegen die byzantinische Praxis auflehnten. Erst nach der Eroberung Ägyptens und Syriens durch die Araber und den Verlust der kirchlichen Unabhängigkeit dieser Provinzen von Konstantinopel wurde die endgültige Vereinheitlichung der Fastenperiode erreicht. Das war das Werk Konstantinopels, wo wir nach dem Wort von G. Dix, den »wirklichen Ursprung eines allgemein gültigen Kalenders« suchen müssen.

Innerhalb dieser Vereinheitlichung in Byzanz vollzieht sich die Entwicklung der Fastenzeit jedoch noch über einen längeren Zeitraum, sowohl was die Organisation in zeitlicher Hinsicht als auch die Liturgie angeht. Was den liturgischen Zeitabschnitt angeht, so wurden der Woche der Tyrophagie zwei weitere Wochen als Vor-Fastenzeit hinzugefügt. Die Woche des Verlorenen Sohnes entwickelte sich vom Sonntag der Fleischenthaltung an, die im neunten Jahrhundert durch den hl. Theodor Studites (s. Sermo, 50: *PG* 99, col 577) erwähnt wird. Die Woche des Zöllners und Pharisäers entwickelte sich anläßlich der anti-armenischen Kontroversen. Sie wird erstmals im siebten Jahrhundert erwähnt. Zu einem entscheidenden Faktor für den Gehalt der Liturgie der Fastenzeit wurde die durch das Studiou-Kloster zu Konstantinopel durchgeführte Liturgiereform im neunten Jahrhundert. Besonders hervorzuheben ist hierbei der hl. Theodor Studites. Zu jener Zeit waren die Erwachsenentaufe und die Einrichtung des Katechumenates fast vollständig aus dem Leben der Kirche verschwunden; der auf die Taufe vorbereitende und katechetische Charakter der Fastenzeit wurde durch einen reinen »Bußcharakter« ersetzt. Gerade dieser neue Akzent ist kennzeichnend für das große studitische Werk, das Triodion der Fastenzeit, der den *terminus ad quem* in der historischen Entwicklung der Fastenperiode darstellt. Man kann sagen, daß bereits im zehnten Jahrhundert die Große Fastenzeit, bis auf einige weniger wichtige Einzelheiten, ihre heutige Gestalt angenommen hatte.

Bibliographie: Hieromönch *Alexis Soloviov*, Istoricheskoye razsuzhdenie o postakh Provoslavnoi Tserkvi (Eine geschichtliche Abhandlung über das Fasten in der Orthodoxen Kirche), Moskau 1837; *I. Mansvetov*, O pastakh Pravoslavnoi Tserkvi (Über das Fasten in der Orthodoxen Kirche), 1887; *M. Skaballanovich*, Tolkovyi Tipikon (Erläuterungen zum Typikon), Kiew 1910; *I. Mansvetov*, Tserkovnyi Ustav (Kirchenordnung), 1885; *E. Vancadard*, Carême, in: *Dict. de Archéologie Chrétienne et de Liturgie*, II, 2. Sp. 2139-2158 (Übersicht über die westliche Bibliographie), und in: *Dict. de Théologie Catholique*, II; *Thomassin*, Traité des Jeûnes de l'Église, Paris 1963;

Funk, Die Entwicklung des Osterfastens, in: *Kirchengesch. Abhandlungen und Untersuchungen*, I, Paderborn 1897, S. 241-278; *H. Kellner*, Heortologie, Freiburg im Breisgau ²1906; *C. Callewaert*, La Durée et le caractère du carême ancien dans l'Église Latine, Brugge 1913; *L. Duchesne*, Origines du Culte Chrêtien, Paris ⁵1925; *A. Baumstark*, Liturgie Comparée, Chevetogne o. J., S. 203-213; *A. Allen McArthur*, The Evolution of the Christian Year, London 1953, S. 76-139 und die Sonderausgabe von *La Maison Dieu*, Carême, préparation à la nuit pascale, 31, Paris 1962.

Anhang

Das Heilige den Heiligen

Einige Bemerkungen zum Empfang der Heiligen Kommunion[14]

1. Eine dringliche und wesentliche Frage

Die Meinungsverschiedenheiten über eine häufigere Kommunion, über das innere Band zwischen dem Sakrament der Kommunion und dem der Buße (Beichte), über Wesen und Bedeutung des Bekenntnisses und die in diesem Zusammenhang in unserer Kirche heutzutage gestellten Fragen sind nicht ein Zeichen von Schwäche oder spirituellem Verfall, sondern zeugen von Leben und Aufbruchsstimmung. Unter den orthodoxen Gläubigen zeigt sich ein nicht mehr zu leugnendes wachsendes Interesse für das Wesentliche, ein Durst und Hunger nach einem mehr spirituell geprägten Leben; hierfür müssen wir Gott dankbar sein. Wenn es sich, wie manche Leute zu denken scheinen, um eine »Krise« handelt - und alles Fragen, jede Erweiterung des spirituellen Bewußtseins ist immer und unausweichlich eine Krise - dann ist es eine weiterführende und eine in unsere Zeit passende Krise. Es wäre in der Tat falsch und unmöglich, diese einzig über Verwaltungsmaßnahmen, Verordnungen und Verbote überwinden zu wollen. Denn wir sehen uns heute der entscheidenden Fragestellung gegenüber, die letztendlich alle Gesichtspunkte unseres Lebens und, ich würde hinzufügen, der eigentlichen Bestimmung der Orthodoxie in dieser von Grund auf verunsicherten »modernen« Welt berührt.

Nur ein geistlichen Belangen gegenüber blinder und gänzlich unempfindlicher Mensch würde leugnen können, daß unsere Kirche trotz ihrer relativen Erfolge und hauptsächlich äußeren und materiellen Errungenschaften von Innen heraus durch eine ungeheuerliche wachsende Gefahr bedroht ist: der Verweltlichung. Aber was bedeutet *Verweltlichung*? In einem vor einigen Jahren veröffentlichten Beitrag habe ich sie so zu definieren versucht:[15]

> ... eine Sichtweise auf die Welt und folglich eine Lebensweise, in der die grundlegenden Gesichtspunkte der menschlichen Existenz - wie Familie, Bildung, Wissenschaft, Beruf, Kunst usw. - nicht mehr im religiösen Glauben verwurzelt oder auf ihn bezogen sind, sondern bei der auch schon die bloße Notwendigkeit und Möglichkeit einer solchen Beziehung geleugnet werden. Die weltlichen Lebensbereiche werden als autonom, d. h. als von ihren eigenen Werten, Grundsätzen und Beweggründen beherrscht angesehen, die von den religiösen verschieden sind. Die Verweltlichung ist mehr oder weniger allen modernen Zivilisationen überall gemeinsam; uns interessiert ihre amerikanische Ausprägung, deren Besonderheit darin besteht, daß der amerikanische Säkularismus überhaupt nicht anti-religiös oder atheistisch ist,

[14] Diese Bemerkungen schließen Teile meines *Report on Confession and Communion* mit ein, den ich vor der Heiligen Synode der orthodoxen Kirche von Amerika gehalten habe und der von der Synode am 17. Februar 1971 gebilligt wurde. Der Report wurde zusammen mit der Entscheidung der Synode in den *Documents of the OCA* abgedruckt.

[15] *Alexander Schmemann*, Problems of Orthodoxy in America: III. The Spiritual Problem, St. Vladimir's Seminary Quarterly 9:4 (1965).

sondern daß er im Gegenteil als sein beinahe wesentlichstes Element eine eindeutig auf die Religion ausgerichtete Komponente umfaßt; man könnte ihm in der Tat den Begriff »religiös« zuordnen. Es handelt sich gleichermaßen um eine ›Philosophie der Religion‹ wie um eine ›Philosophie der Lebensweise‹. Eine offen anti-religiöse Gesellschaft wie Sowjetrußland oder Rotchina können sogar nicht ›verweltlicht‹ genannt werden! Religion ist dort ein zu liquidierender Feind und alle Kompromisse mit ihr können bestenfalls vorübergehender Natur sein. Aber das charakteristische Merkmal der amerikanischen Art und ›Lebensweise‹ liegt darin, daß sie die Religion als etwas für den Menschen Wesentliches *annehmen*, sie gleichzeitig aber als Bestandteil einer die Ganzheit der menschlichen Existenz formenden Lebensanschauung *leugnen*.

Ein amerikanischer ›Weltmensch‹ kann sehr wohl ein ›religiöser‹ Mensch sein, der sich seiner Kirche verpflichtet weiß, der regelmäßig die Gottesdienste besucht, großzügige Spenden macht und regelmäßig betet. Seine kirchliche Trauung vollzieht er entsprechend ›feierlich‹, er läßt sein Haus segnen, er erfüllt seine religiösen Pflichten - alles in absolut gutem Glauben. Aber all dieses ändert nichts im geringsten an der einfachen Tatsache, daß sein Verständnis dieser Lebenskomponenten - Ehe und Familie, Wohnung und Beruf sowie schließlich auch seine religiösen Verpflichtungen selbst - sich nicht aus seiner Glaubensüberzeugung herleiten lassen, die er in der Kirche bekennt, noch aus seinem bekundeten Glauben an die Menschwerdung, den Tod und die Auferstehung Christi, an den Gottes- und Menschensohn, sondern aus seinen ›Lebensphilosophien‹, d. h. aus den Ideen und Überzeugungen, die ihrem Wesen nach nichts mit dem Glauben zu tun haben, wenn sie diesem auch nicht unbedingt widersprechen mögen. Wir brauchen nur einige dieser ›Schlüsselwerte‹ unserer Lebensart - Erfolg, Sicherheit, gesellschaftliche Stellung, Behauptung im Konkurrenzkampf, Gewinnstreben, Ansehen, Ehrgeiz - aufzählen, um uns bewußt zu werden, daß diese das genaue Gegenteil vom *Ethos* und Geist des Evangeliums sind ...

Heißt dies aber, daß der religiöse Weltmensch ein Zyniker, Heuchler oder Schizophrener ist? Ganz und gar nicht. Es bedeutet schlicht und einfach, daß sein Verstehen der Religion in seiner säkularisierten Weltsicht verwurzelt ist und nicht umgekehrt. In einer nichtsäkularisierten Gesellschaft - die innerhalb der Orthodoxie in der Vergangenheit als einzige Gesellschaftsform vorkam - geben die Religion und ihre Werte die höchsten Kriterien für das ganze Leben des Einzelnen vor und beschreiben die ›Richtlinien‹, nach denen sich der Einzelne und die Gesellschaft selbst beurteilen, auch dann, wenn sie von ihnen ständig abweichen. Sie leben nach den gleichen diesseitigen Beweggründen, sie fühlen sich jedoch ständig durch die Religion herausgefordert und sei es auch nur durch deren bloßes Vorhandensein. So mag die ›Lebensweise‹ nicht religiös sein, während es die ›Lebensphilosophie‹ sehr wohl sein kann. In einer religionsfernen Gesellschaft ist dies gänzlich anders: die ›Lebensweise‹ schließt die Religion ein, und die ›Lebensphilosophie‹ hingegen schließt sie aus.

Das Billigen des Säkularismus bedeutet natürlich eine radikale Umgestaltung der Religion selbst. Sie mag zwar alle ihre äußeren und überlieferten Formen beibehalten, im Innersten handelt es sich jedoch um eine völlig andere Religion. Der Säkularismus billigt die Religion und gewährt ihr einen Ehrenplatz im gesellschaftlichen Leben nur insofern als die Religion ihrerseits sich zu einem Teil säkularisierter Weltanschauung machen läßt, deren Werte gutheißt und dabei hilft, nach diesen Werten zu handeln. Und tatsächlich benutzt der Säkularismus in Zusammenhang mit der Religion kein Wort häufiger als das Wort ›Hilfe‹. ›Es ist hilfreich‹, einer religiösen Gruppierung anzugehören, mit einer religiösen Tradition in Verbindung gebracht zu werden, in einer Kirche aktiv mitzumachen, zu beten; kurzum, ›es ist hilfreich‹ eine ›Religion zu haben‹. Und da die Religion *hilfreich* ist und einen in sich nützlichen Faktor im persönlichen und gesellschaftlichen Leben verkörpert, muß sie im Gegenzug *Unterstützung erfahren*. Daher rührt der durch alle Statistiken belegte bemerkenswerte Erfolg der Religion in Amerika. Der Säkularismus akzeptiert die Religion, aber nach seinen eigenen Bedingungen; er ordnet der Religion eine Funktion zu. Und sofern die Religion diese Funktion annimmt und erfüllt, überzieht er die Religion mit Wohlstand, Ehre und Ansehen. ›Amerika‹, schreibt W. Herberg, ›scheint eine der religiösesten und gleichzeitig eine der weltlichsten Nationen zu sein ... Jeder Gesichtspunkt des gegenwärtigen religiösen Lebens spiegelt diesen paradoxen Zustand wider: durchdringender Säkularismus inmitten wachsender Religiosität ...‹[16]

[16] *Schmemann*, a.a.O., S. 173-174.

2. »Religionslose Religion«

Viele Orthodoxe halten diesen amerikanischen Säkularismus in naiver und fälschlicher Weise für die »amerikanische Lebensweise«. Hier liegt die Wurzel für die tiefgehende Krise der Orthodoxie. Diese Krise wird nirgends deutlicher sichtbar als in der seltsamen »religionslosen Religion«, die unser kirchliches Leben zu durchdringen scheint. Es vollzieht sich eine Verengung der Kirche

- auf materielle, organisatorische und rechtliche Handlungen und Interessen auf Kosten der religiösen und spirituellen;
- auf besessenes Streben nach »Besitztum« und Geld und auf die Verteidigung von »Gemeinderechten« gegen Bischöfe und Geistlichkeit, die als äußere »Bedrohung« angesehen werden; auf die Gleichgültigkeit gegenüber missionarischen, erzieherischen und karitativen Notwendigkeiten der Kirche; auf den passiven und manchmal sogar auch aktiven Widerstand gegen alle Bemühungen zur Vertiefung des geistlichen und liturgischen Lebens, um es weniger »nominell« und dafür aber authentischer zu gestalten; auf das Gleichsetzen von Religion mit Folklore und Bräuchen von Volksgruppen; auf die Selbstzentriertheit und faktische Isolation so vieler unserer Gemeinden, auf deren mangelndes Interesse an den lebenswichtigen Vorgängen der Gesamtkirche und an ihrer Mission in Amerika.

Dies alles offenbart eine solche Säkularisation des kirchlichen Bewußtseins, daß man wahrlich besorgt sein muß über die Zukunft der Kirche, deren Führungsschicht wie auch deren Mitglieder, die sich das Ausmaß und die Tiefe der Krise offenbar nicht vor Augen führen.

Und doch ist es gerade diese Säkularisation der Kirche selbst, die so viele, besonders junge Leute, veranlaßt, die Kirche schlicht und einfach zu verlassen, weil ihnen keiner das wahre Wesen der Kirche und die Bedeutung ihres Lebens für den einzelnen Gläubigen erschließt, weil man kaum jemals einen Aufruf zur Vertiefung des inneren geistlichen Bemühens vernimmt und weil in der Tat das Spirituelle auf ein »formales« Mindestmaß (Gottesdienstteilnahme, jährliche Kommunion, etwas Fasten, geringer Verzicht auf unterhaltsame Zerstreuung) reduziert wird, während das Materielle und das Äußerliche in höchstem Maße entwickelt werden.

Und all dies geschieht und entwickelt sich zu einer Zeit, in der wir Orthodoxe dazu aufgerufen sind, ein neues Leben zu beginnen, in der uns die von so vielen unserer Brüder und Schwestern unserer »Mutterkirchen« bestrittene Möglichkeit geboten wird zu wachsen, uns frei zu äußern und auch in Freiheit zu leben, unsere Kirche mit geistlichem Inhalt zu füllen, um all das zu erreichen, was durch eine orthodoxe Lebensweise unter den schrecklichen Bedingungen der offen atheistischen und totalitären Systemen nicht erreicht werden kann. Ist es deshalb nicht tragisch, daß all diese Angebote, Herausforderungen und Möglichkeiten wenig, wenn überhaupt, erkannt, angenommen und genutzt werden; daß das Wesen der Struktur unserer Kirchen, der Geist und die Interessen, die sich in ihnen durchsetzen, es typischerweise unmöglich machen, echtes religiöses Leben wirklich zu fördern und aufrechtzuerhalten?

3. Warum Sakramente?

Ich habe diese Bemerkungen mit einigen allgemeinen Überlegungen zur gegenwärtigen Situation der Kirche begonnen, weil nach meiner tiefen Überzeugung das neue Interesse an den Sakramenten, an der sakramentalen Praxis und Disziplin von dieser Krise herrührt und in direkter Beziehung zu ihr steht. Ich bin davon überzeugt, daß die

Frage nach der Teilnahme der Laien an den Göttlichen Mysterien die Kernfrage unseres kirchlichen Lebens darstellt. Von der Lösung dieser Frage hängt die Zukunft der Kirche - ihre echte Erneuerung oder ihr unvermeidlicher Verfall ab.

Ich bin davon überzeugt, daß dort, wo Eucharistie und Kommunion wieder »die Mitte des christlichen Lebens«[17] ausmachen, um Worte des verstorbenen Vaters Sergius Cetverikov zu gebrauchen, die tragischen »Verkürzungen« und oben erwähnten Mängel überwunden und geheilt werden können. Das geschieht natürlich nicht rein zufällig; denn wenn das kirchliche Leben nicht vor allem auf Christus gegründet wird - und das heißt, auf eine ständige und lebendige Kommunion mit ihm im Sakrament seiner Gegenwart - dann wird unweigerlich etwas anderes zum Vorschein kommen und den »Brennpunkt« des Gemeindelebens und der Einzeltätigkeiten dieser Gemeinde bestimmen. Das können Besitz oder oberflächliche »Volkstümlichkeit« oder einfach materieller Erfolg als Hauptziel sein ... Wenn es nicht Christus ist, dann wird notwendigerweise eben etwas anderes - Weltliches und sogar Sündhaftes - das Leben der Kirche formen und auch zersetzen.

Bis vor kurzem mag es möglich gewesen sein, die Dringlichkeit dieses »Entweder/Oder«-Problems zu erkennen. Während der langen *Periode der Immigrierung* innerhalb der Geschichte der Orthodoxie in Amerika hatten unsere Gemeinden in der Tat neben ihren rein religiösen Funktionen auch selbstverständlich eine Art »weltliche« Aufgabe und Begründung für die Belange der Volksgruppe, der Nationalität und der Sprache. Das waren notwendige Formen und Mittel, um die Immigranten in der amerikanischen, ihnen ursprünglich feindlich gegenüberstehenden Gesellschaft allein aus Gründen des Überlebens in Ermangelung einer institutionellen Identität zu einen. Heute jedoch nähert sich diese Immigranten-Periode rasch ihrem Ende. Die »natürliche« Begründung - Volksgruppe und Sprache - entfällt; immer mehr orthodoxe Menschen verstehen nur noch die englische Sprache, und in manchen unserer Gemeinden machen die zur Orthodoxie Konvertierten nahezu die Hälfte der Gemeindemitglieder aus.

Aber dann ergibt sich die Frage: Was soll diese Begründung ersetzen? Es ist ganz klar, wenn sie nicht durch den zentralen Glauben und die Erfahrung der Kirche als *Einheit, Leben und Wachsen in Christus*, d. h. durch den eigentlichen religiösen Gehalt der Orthodoxie, ersetzt wird, dann werden die Gemeinden und die Kirche selbst ihrem unvermeidlichen Verfall und ihrer Zersetzung entgegengehen. Denn die Menschen werden sich nicht *in* und *für* etwas, sondern *gegen* etwas zusammenfinden. Und hierin liegt die schicksalhafte Dringlichkeit und Tiefe unserer gegenwärtigen Situation.

Deshalb ist die Frage der Sakramente so wichtig. Nur in ihnen, und vor allem gerade in dem Sakrament der Gegenwart Christi und unserer Vereinigung mit ihm und in ihm, können wir die positiven und nicht die negativen Grundsätze wiederentdecken, an denen es in der heutigen Kirche offenkundig mangelt. Nur in ihnen liegen die Wurzeln für die wahre Möglichkeit zu einer Änderung und Erneuerung in der Vorstellung der Laien, die über eine so lange Zeit von den Quellen und der Erfahrung der Kirche abgeschnitten waren. Und wenn in unseren Tagen diese Frage eine solche Dringlichkeit erlangt hat, dann deshalb, weil immer mehr Menschen, bewußt oder unbewußt, eine solche Erneuerung und jene Begründung suchen, die alleine nur dazu führen kann, daß die Kirche und die Gemeinden ihre religiöse Tiefe wiedererlangen und ihre rasch fortschreitende Säkularisierung aufhalten können.

---

[17] Die Eucharistie als die Mitte des christlichen Lebens, russ., *Put* (Der Weg) 22 (1930) 3-23.

Ich bin mir völlig der Tatsache bewußt, daß bei den Orthodoxen die Tendenz besteht, alle Probleme, alle brennenden und schwierigen Streitfragen einfach unter Hinweis auf die Vergangenheit, d. h. auf das, was vor dreißig, fünfzig oder hundert Jahren bzw. heute noch in Rußland, Griechenland, Polen, Serbien usw. üblich ist, zu lösen, einschließlich derjenigen Fragestellung, die wir hier erörtern - jener der Beteiligung der Laien an den Göttlichen Mysterien. Diese Tendenz jedoch ist wenig hilfreich und kann oftmals mehr schaden als nützen. Es ist deshalb nicht hilfreich, weil nicht alles in der Vergangenheit, sei es in Rußland, Griechenland oder sonstwo, *ipso facto* wirklich orthodox war. Um sich das vor Augen zu führen, sollte man z. B. die Beobachtungen der russischen Bischöfe zu Beginn dieses Jahrhunderts beherzigen, zur Zeit der Vorbereitungen der russischen Kirche also auf das längst überfällige nationale Konzil (dieses trat 1917 zusammen, wurde aber durch die gewaltsamen revolutionären Ereignisse unterbrochen und vertagte sich auf 1918, ohne seine Arbeit zu Ende geführt zu haben). Die russischen Bischöfe, die möglicherweise damals die am besten ausgebildeten der ganzen Orthodoxen Kirche und zweifelsfrei konservativ eingestellt waren, hielten nahezu ohne Ausnahme die Kirche - in ihrer spirituellen, liturgischen und strukturellen Situation - für weitgehend mit Mängeln behaftet und von äußerster Reformbedürftigkeit[18]. In bezug auf die russische Theologie prangerten alle ihre besten Repräsentanten einhellig besonders bez. des entscheidenden Bereichs der Theologie der Sakramente die Kapitulation vor der westlichen Scholastik und dem westlichen Legalismus an. In einem berühmten Bericht an die russischen Heilige Synode ist der Vorschlag eines der Hauptvertreter des russischen Episkopates enthalten, nämlich des Erzbischofs Anthony Khrapovitsky, die russischen theologischen Schulen aufzulösen und durch neue mit gänzlich anderer Methodik für die religiöse Ausbildung zu ersetzen. Der heilige Vater Johannes von Kronstadt prangerte unermüdlich die laue und formale Frömmigkeit der russischen Gesellschaft an und verurteilte die Verringerung des Kommunionempfangs auf eine »Einmal-im-Jahr-Verpflichtung« und die Herabstufung des kirchlichen Lebens auf die Ebene von Gebräuchen.

Hat man dieses alles im Blick, so genügt es nicht, sich auf die Vergangenheit zu beziehen und sich auf sie zu berufen, da die Vergangenheit selbst einer Würdigung im Lichte einer echten orthodoxen Tradition bedarf. Das einzige Beurteilungskriterium, immer und überall, ist die Tradition selbst - und das pastorale Anliegen, in welcher Weise sie auf unsere Situation »anwendbar« ist, die sich doch häufig grundsätzlich von jenen der Vergangenheit unterscheidet.

4. Die Norm

Es ist unmöglich und unnötig, hier die Frage einer Beteiligung der Laien an den Göttlichen Mysterien in all ihren dogmatischen und historischen Gesichtspunkten zu beleuchten. Das Wesentliche kann wie folgt zusammengefaßt werden:

Es ist eine eindeutig belegte und unbestrittene Tatsache, daß in der frühen Kirche die Kommunion aller Gläubigen bei jeder Göttlichen Liturgie die selbstverständliche Norm war[19]. Eigens herausgestellt werden muß die Tatsache, daß die in der Gemeinschaft regelmäßig empfangene Kommunion nicht als ein Akt persönlicher Frömmigkeit und Heiligung verstanden und vollzogen wurde, sondern vor allem als ein Akt, der

---

[18] Siehe Reports of the Diocesan Bishops Concerning the Questions of Church Reform, Bd. I, 548 ff., Bd. II, 562 ff., St. Petersburg: Synodal Press 1906.

[19] Siehe *Boris Sove*, Eucharistie in der Alten Kirche und die gegenwärtige Praxis, russ., *Living Tradition*, Paris 1936, S. 171-195.

aus der Mitgliedschaft des Einzelnen in der Kirche folgt und der diese Mitgliedschaft mit Leben füllt und gegenwärtig werden läßt. Die Eucharistie wurde definiert und verstanden als das *Sakrament der Kirche*, das *Sakrament der Versammlung*, das *Sakrament der Einheit.* »Er vereinigte sich mit uns«, schreibt der hl. Johannes Chrysostomos, »und ließ seinen Körper in uns aufgehen, damit wir ein Ganzes bilden und ein mit dem Haupt vereinigter Leib sein können«. Die frühe Kirche kannte in der Tat kein anderes Zeichen und kein anderes Kriterium für die Mitgliedschaft als die Teilnahme an dem Sakrament: »Wer über mehrere Wochen nicht die Kommunion empfing, hatte sich nach allgemeiner Auffassung selbst exkommuniziert und vom Leib der Kirche verbannt«.[20] Vereinigung mit dem Leib und dem Blut Christi war die selbstverständliche Erfüllung von Taufe und Salbung; es gab keine andere Vorbedingung für den Empfang der Kommunion[21]. Alle anderen Sakramente waren also »besiegelt« in der Teilhabe an den Heiligen Gaben[22]. Der Zusammenhang zwischen Mitgliedschaft in der Kirche und der Kommunion war so augenfällig, daß man in einem frühen liturgischen Text vor der Konsekration die Entlassungsformel für jene findet, »die nicht an diesen Heiligen Mysterien teilhaben können«[23]. Es muß klar heraus gestellt werden, daß das ursprüngliche Verständnis und die Handhabung der Kommunion nie aufgegeben worden sind und auf immer die wesentliche Norm der kirchlichen Tradition bleiben, obgleich dieser Sachverhalt in späterer Zeit verdunkelt und verkompliziert wurde.

Die Frage stellt sich nicht nach dieser Norm, sondern was aus ihr geworden ist. Warum haben wir sie so vollständig verdrängt, daß bereits das Erwähnen einer häufigeren (nicht einmal regelmäßigen) Kommunion für so viele (zumal die Geistlichen) eine unerhört aufrührerische Neuerung darstellt, die ihrer Meinung nach sogar die Grundfesten der Kirche erschüttern kann? Wie konnten neun von zehn Liturgien über Jahrhunderte hinweg Liturgien ohne Kommunikanten sein? Wieso ruft dieser unglaubliche Tatbestand keine Verwunderung, kein Erzittern hervor, während der Wunsch nach häufigerer Kommunion Furcht, Widerspruch und Widerstand erzeugt? Wie konnte die sonderbare Lehre von der Einmal-im-Jahr-Kommunion in der Kirche entstehen und zur Norm und ein Abweichen von dieser zur Ausnahme werden? Wie wurde das Verständnis der Kommunion mit anderen Worten so grundlegend individualistisch geprägt, so losgelöst von der Lehre über die Kirche als dem Leib Christi und so dem Eucharistischen Gebet selbst widersprechend: »und wir alle, die an dem einen Brot und dem einen Kelch teilhaben, untereinander in der Gemeinschaft des einen Geistes ...«?

5. Der Niedergang - Seine Gründe und Entschuldigungen

Die übliche Antwort auf die gestellten Fragen ist folgende: Wenn die frühe Praxis aufgegeben wurde, so die Gegner einer häufigen und regelmäßigen Kommunion, wenn ein grundsätzlicher Unterschied zwischen der Geistlichkeit, deren Kommunionempfang ein selbstverständlicher Teil ihrer Zelebration ist, und den Laien gemacht wurde,

---

[20] Archimandrit *Kiprian*, Eucharistie, russ., Paris 1947, S. 304. Siehe Kanones: 2 des Ortskonzils von Antiochien (341); Apostolischer Kanon 2, Trullo 80. Siehe auch *Nikodim Milasch*, Die Kanones der Orthodoxen Kirche mit Kommentaren, russ., Bd. I, St. Petersburg 1911, S. 69.

[21] Siehe das Gebet vor der Chrismation: »... du selbst nun, Gebietet, barmherziger König aller Könige, gewähre auch ihm (d. h. dem soeben Getauften) das Siegel der Gabe deines Heiligen, allmächtigen und anbetungswürdigen Geistes und die Teilnahme an dem Heiligen Leib und kostbaren Blut deines Christus ...«

[22] Siehe z. B. *I. Pokrovsky*, Ehegebete und Ehesegen in der Alten Kirche (1.-9. Jhdt.), russ., Essays for the Hundredth Jubilee of the Moscow Spiritual Academy, Bd. H, Moskau 1913, bes. S. 577-592.

[23] Siehe *B. Sove*, Eucharistie in der Alten Kirche und in der gegenwärtigen Praxis, russ., *Living Tradition*, Paris 1936, S. 176, Anmerkung 2.

deren Zulassung zum Kommunionempfang nur unter gewissen, in der frühen Kirche nicht bekannten Bedingungen erfolgte, und wenn die Kommunion der Laien im allgemeinen mehr die Ausnahme als die Norm geworden ist, dann geschah dies aus einer gut gemeinten und heiligen Befürchtung heraus - nämlich jener vor einer Entweihung des Sakramentes durch einen unwürdigen, das Heil des Einzelnen gefährdenden Empfangs; denn, so der hl. Paulus: »wer unwürdig ißt und trinkt, der ißt und trinkt sich das Gericht« (1 Kor 11, 29).

Diese Antwort erfordert ihrerseits weitere Antworten, da sie in der Tat mehr Fragen aufwirft als Antworten bietet. Zunächst, selbst wenn es wahr wäre, daß der *de facto* Ausschluß der Laien von der Kommunion seinen Ursprung in einer Sorge um das Heil und in einem Gefühl der Unwürdigkeit hat, so trifft dies heutzutage sicherlich nicht länger zu. Wenn dem so wäre, dann müßten die Nicht-Kommunikanten wenigstens während des Besuchs der Göttlichen Liturgie eine Traurigkeit verspüren, ein Bedauern über ihre Sündhaftigkeit und Unwürdigkeit empfinden, die sie von den Heiligen Gaben trennen; sie müßten sich kurzum »exkommuniziert« vorkommen. Tatsächlich trifft aber nichts von alle dem zu. Generationen von Orthodoxen besuchen die Liturgie mit völlig reinem Gewissen, tief davon überzeugt, daß weiter von ihnen nichts gefordert wird und daß die Kommunion einfach nicht für sie ist. Bei den seltenen und außergewöhnlichen Gelegenheiten, bei denen ihnen die Kommunion gereicht wird, empfangen sie sie »in Erfüllung einer Pflicht«; anschließend betrachten sie sich selbst für ein weiteres Jahr wieder als »gute« Christen. Aber wo werden in dieser Haltung, die leider in unserer Kirche zur Norm geworden ist, - auch nur ansatzweise - Demut und Bußfertigkeit, Ehrfurcht und Gottesfurcht erkennbar?

In der Tat, als diese Haltung erstmals in der Kirche in Erscheinung trat, - bald nach dem Übertritt des Römischen Imperiums zum Christentum, in dessen Folge wegen der Christianisierung der Volksmassen bei den Christen ein Niedergang der Moral und des spirituellen Lebens einsetzte, - da sahen die Väter sie nicht als ein Ergebnis der Furcht oder der Demut, sondern der Nachlässigkeiten und des spirituellen Niedergangs[24]. Und ebenso wie sie das Zurückstellen der Taufe wegen »Unvorbereitetsein« und »Unwürdigkeit« anprangerten, bekämpften sie jede Vernachlässigung der Sakramente. Es ist einfach unmöglich, einen patristischen Text zu finden, der die Vorstellung unterstützt, daß es besser wäre, den Mysterien zu entsagen als an ihnen unwürdig teilzunehmen. Der hl. Johannes Cassian schreibt:

> Wir dürfen nicht auf die Kommunion verzichten, weil wir uns für sündhaft halten. Wir müssen sie zur Heilung unserer Seelen und zur Reinigung unseres Geistes häufiger empfangen, jedoch in solcher Demut und in solchem Glauben, daß wir uns unwürdig fühlen ... wir würden ja auch mehr Medizin für unsere Wunden wünschen. Sonst ist es unmöglich, die Kommunion einmal im Jahr zu empfangen, wie es gewisse Leute tun ... in der Meinung, die Heiligung durch die himmlischen Mysterien sei nur Heiligen zugänglich. Der Gedanke ist besser, daß das Sakrament uns rein und heilig durch die uns geschenkte Gnade macht. Solche Leute bezeugen mehr Stolz als Demut... denn, wenn sie die Kommunion empfangen, halten sie sich selbst für würdig. Es ist besser, daß wir demütig von Herzen im Bewußtsein, nie zum Empfang der Heiligen Mysterien würdig zu sein, sie dennoch jeden Sonntag zur Heilung unserer Schwächen empfangen, als durch Stolz verblendet zu meinen, daß man nach einem Jahr würdig wäre, sie zu empfangen ...25

---

[24] Siehe *Hl. Johannes Chrysostomos*, Ephes. Horn. III, 4: PG: 62, 29; 1 Tim. Hom. V, 3: *PG* 62, 529 ff.; Heb. Hom. XVII, 4: *PG* 63, 131 ff.; *Hl. Ambrosius von Mailand*, De Sacramentis, Bd. 4, 25; *B. Sove*, Eucharistie in der Alten Kirche und die gegenwärtige Praxis, russ., *Living Tradition*, Paris 1936, S. 178; *Kiprian*, Eucharistie, Paris 1947, S. 323-324.

[25] Third Conference of Abbott Theonas on Sinlessness, Kap. 21: SC 64.

»Von Stolz verblendet«! Der hl. Cassian legt hier seinen Finger wahrlich auf die seltsame Fähigkeit, in jedem spirituellen Fehler ein spirituelles »Alibi« für sich selbst zu finden, um sich in jene Pseudo-Demut zu hüllen, welche die subtilste und deshalb gefährlichste Form des Stolzes darstellt. Was nach dem einmütigen Zeugnis der Väter in einer Vernachlässigung seinen Ursprung hatte, wurde bald durch pseudo-spirituelle Argumente gerechtfertigt und ganz allmählich zur Norm erhoben.

So entwickelte sich z. B. die - in der frühen Tradition absolut unbekannte und ihr fremde - Vorstellung eines spirituellen und sinnbildlichen Unterschiedes zwischen Geistlichkeit und Laien im Hinblick auf den Kommunionempfang: Geistliche können nicht nur, sondern müssen auch oft die Kommunion empfangen, was dem Laien nicht erlaubt ist. Hier sollte man erneut den hl. Johannes Chrysostomos zitieren, der mehr als jeder andere die Heiligkeit des Sakramentes verteidigte und auf einer würdigen Vorbereitung auf die Kommunion pochte. Der große Hirte schreibt:

> Es gibt Fälle, in denen sich der Priester nicht von einem Laien unterscheidet, namentlich wenn man die Heiligen Mysterien betrachtet. Sie werden uns alle gleichermaßen gereicht, nicht so wie im Alten Testament, wo ein Teil der Speisen für die Priester und ein anderer Teil für das Volk bestimmt war, denn dem Volk war es nicht erlaubt, an dem teilzuhaben, was den Priestern zugedacht war. Jetzt ist es nicht mehr so. Allen wird derselbe Leib und derselbe Kelch gereicht ...[26]

Rund tausend Jahre später macht auch Nikolaos Kabasilas, wenn er über die Kommunion in seiner Erklärung der Göttlichen Liturgie spricht, überhaupt keinen Unterschied zwischen Geistlichen und Laien in bezug auf die Kommunion. Er schreibt:

> ... wenn jemand, der die Möglichkeit hat, trotzdem die Teilnahme an dem eucharistischen Mahl ausschlägt, wird er die durch dieses Mahl dargebotene Heiligung nicht erlangen, nicht etwa auf Grund der Tatsache des Fernbleibens selbst, sondern weil er sein Kommen verweigert, obgleich er die Möglichkeit hierzu hat ... Wie könnte jemand an die Liebe dessen glauben, der die Möglichkeit zum Empfang der Kommunion hat, diese aber dennoch nicht empfängt?[27]

Trotz dieser eindeutigen Zeugnisse blieb und bleibt diese seltsame und tatsächlich häretische Vorstellung Bestandteil, wenn auch nicht der kirchlichen Lehre, dann aber doch wenigstens ihrer liturgischen Frömmigkeit.

Der eigentliche Triumph dieser Haltung der Kommunion gegenüber stellte sich nach dem Ende der patristischen Zeit und nach dem Zusammenbruch des Byzantinischen Reiches ein, als für die orthodoxe Theologie die langandauernde Periode einer »Westlichen Gefangenschaft« und einer grundlegenden Westorientierung begann und die Sakramente unter dem Einfluß der westlichen Scholastik und einer legalistischen Sakramententheologie zwar weiterhin *in* der Kirche angesiedelt blieben, aber nicht mehr als Erfüllung oder, wie Vater Georg Florovsky es ausdrückte, als »*Kirche bildend*«[28] angesehen und erfahren wurden. Einerseits wurde die Kommunion als Mittel personeller, individueller Frömmigkeit und Heiligkeit unter beinahe totalem Ausschluß ihrer *kirchlichen* Bedeutung verstanden, andererseits fußte die Mitgliedschaft in der Kirche nicht mehr auf der Teilnahme an dem Sakrament der Einheit der Kirche im Glauben, in der Liebe und im Leben, noch wurde sie nach dieser beurteilt.

Dem Laien war es nicht nur »erlaubt«, die Kommunion unter einem rein subjektiven Gesichtswinkel *seiner* Erfordernisse, *seiner* Spiritualität, *seines* Vorbereitetseins

---

[26] In II Corinth. Hom. 18, 3: *PG* 61, 527.
[27] Liturgiae Expositio 42: *PG* 150, 460 B.
[28] Eucharistie und Sobornost, russ., *Put* 19 (1929) 3-23.

bzw. Nicht-Vorbereitetseins, *seiner* Möglichkeiten etc. zu sehen, er wurde geradezu dazu gezwungen. Er selbst wurde zum Kriterium und zum Richter seiner eigenen »Spiritualität« sowie der der anderen. Er wurde dieses alles im Rahmen einer Theologie und Frömmigkeit, die - trotz des klaren Zeugnisses der echten orthodoxen Tradition - diesen Nicht-Kommunikanten Status der Laien guthieß, ihn zur Norm erhob und ihn gleichsam zum »Markenzeichen« der Orthodoxie machte.

Es ist in der Tat ein Wunder, daß der gemeinsame Druck dieser verwestlichten Sakramententheologie und dieser außerkirchlichen, individualistischen und subjektiven Frömmigkeit den Durst und den Hunger nach der Kommunion, nach der wahren - und nicht nominellen oder formalen - Teilnahme an dem Leben der Kirche nicht auszumerzen vermochte. Zu allen Zeiten, vornehmlich aber in unserer unruhigen und wirren Ära, hatte jedes Wiedererstarken der Orthodoxie seine Quelle in der »Wiederentdeckung« der Sakramente und des sakramentalen Lebens, und vor allem in der eucharistischen Wiederbelebung. So war es in Rußland, als die Verfolgungen die von Vater Johannes von Kronstadt so leidenschaftlich angeprangerten lauen, formalen und nominellen Haltungen einfach hinwegschwemmten. So geschah es beim Auftreten der orthodoxen Jugendbewegung in Europa und dem Mittleren Osten mit ihrem erneuerten und vertieften Verständnis von Kirche. Und daß heute dieses eucharistische und sakramentale Wiedererstarken an die Pforten unserer Kirche pocht, sollten wir als ein aufmunterndes Zeichen dafür verstehen, daß der so verhängnisvolle »Säkularismus« überwunden werden kann.

6. Die Bedeutung der Kommunion

»Denn wer unwürdig ißt und trinkt, der ißt und trinkt sich das Gericht, da er den Leib des Herrn nicht unterscheidet« (1 Kor 11,29). Jetzt können wir auf diese Worte des hl. Paulus zurückkommen und uns nach ihrer wahren Bedeutung fragen. Weder die Urkirche noch die Väter haben sie in dem Sinne verstanden, daß man als Alternative zu dem »unwürdig essen und trinken« nicht zur Kommunion gehen soll oder daß die Ehrfurcht vor dem Sakrament und die Furcht vor seiner Entweihung in einer Zurückweisung der Göttlichen Gaben münden sollte. Dieser Gedankengang stammt offensichtlich nicht vom hl. Paulus selbst, denn wir finden tatsächlich in seinen Episteln, in seinen Ermahnungen die erste Formulierung des scheinbaren Widerspruchs, der in Wirklichkeit die Grundlage der christlichen »Ethik« und die Quelle christlicher Spiritualität bildet.

»Wißt ihr nicht«, schreibt der hl. Paulus an die Korinther, »daß euer Körper der Tempel des Heiligen Geistes ist, der in euch wohnt, den ihr von Gott empfangen habt, und daß ihr euch nicht selbst gehört? Für ein Lösegeld wurdet ihr losgekauft: deshalb verherrlicht Gott in eurem Leibe und in eurem Geiste, der von Gott ist« (1 Kor 6,19-20). Diese Worte bilden eine wirkliche Zusammenfassung der ständigen Aufrufe des hl. Paulus an die Christen: wir müssen entsprechend dem leben, was mit uns in Christus »geschah«; doch wir können so nur leben, weil es mit uns geschehen ist, weil Rettung, Erlösung, Versöhnung und »Kaufen für einen Preis« uns bereits geschenkt worden sind und wir »nicht uns selbst gehören«. Wir können und müssen an unserer Rettung arbeiten, weil wir gerettet worden sind; und nur, weil wir gerettet worden sind, können wir an unserer Rettung arbeiten. Wir müssen immer und zu allen Zeiten *werden* und *sein*, was wir - in Christus - bereits sind: »ihr gehört Christus und Christus ist von Gott« (1 Kor 3,23).

Diese Unterweisung des hl. Paulus ist von elementarer Bedeutung für das christliche Leben im allgemeinen und für das sakramentale Leben im besonderen. Es offenbart die wesentliche Spannung, auf der dieses Leben gegründet ist, woher es kommt und was nicht beseitigt werden kann; denn dies würde die Preisgabe und eine radikale Verstümmelung des christlichen Glaubens selbst bedeuten: Die Spannung in jedem von uns zwischen »dem alten, durch die Fleischeslust verderbten Menschen« und dem »neuen, nach dem Bild seines Schöpfers durch den in der Taufe vollzogenen Tod und die Auferstehung erneuerten Menschen«[29]; die Spannung zwischen der Gabe des neuen Lebens und dem Bemühen, es sich zu eigen zu machen, um es so zu seinem eigenen Leben werden zu lassen; die Spannung zwischen der »über alle Maßen geschenkten« Gnade (Joh 3,34) und dem immer unzureichenden Grad meines spirituellen Lebens.

So wird die erste und wesentliche Frucht eines jeden christlichen Lebens und einer jeden Spiritualität, die ein besonderes Merkmal der Heiligen ist, das Gefühl und die Gewißheit nicht von »Würdigkeit«, sondern von *Unwürdigkeit* sein. Je näher einer Gott steht, desto bewußter wird ihm die seinsmäßige Unwürdigkeit aller geschaffenen Wesen vor Gott sein, desto bewußter wird ihm die gänzlich frei von Gott gewährte Gabe. Eine solche wahre Spiritualität ist absolut unverträglich mit jeder Vorstellung von »Verdienst«, von irgend etwas, was uns in sich selbst und durch sich selbst dieser Gabe »würdig« machen könnte. Denn wie der hl. Paulus schreibt: »Während wir noch hilflos waren, starb Christus zur bestimmten Zeit für die Gottlosen. Sonst wird kaum jemand für einen gerechtfertigten Menschen sterben ... Aber Gott beweist seine Liebe zu uns dadurch, daß er für uns starb, als wir noch Sünder waren« (Röm 5,6-8). Diese Gabe an unseren Verdiensten und unserer Würdigkeit messen zu wollen, wäre der Beginn jenes spirituellen Stolzes, der das Wesen der Sünde ist.

Diese Spannung hat ihren Mittelpunkt und ihre Quelle im sakramentalen Leben. Denn nur in ihm können wir durch eine Hinwendung zu den Göttlichen Gaben wieder und wieder des göttlichen Netzes gewahr werden, in dem wir gefangen sind und aus dem es nach den Denkgesetzen der menschlichen Logik keinen Ausweg gibt. Wenn ich mich wegen »Unwürdigkeit« einer Hinwendung enthalte, dann weise ich die göttliche Gabe der Liebe, Versöhnung und des Lebens zurück und ich verweigere mich ihr. Ich exkommuniziere mich selbst, denn es gilt: »Wenn ihr das Fleisch des Menschensohnes nicht esset, und sein Blut nicht trinket, habt ihr kein Leben in euch« (Joh 6,53). Wenn ich hingegen »unwürdig esse und trinke«, dann esse und trinke ich mir das Gericht. Ich werde verdammt sein, wenn ich die Kommunion nicht empfange, und ich werde verdammt sein, wenn ich es tue, denn wer ist schon jemals »würdig« gewesen, um von dem Göttlichen Feuer erfaßt werden zu können, aber ohne von diesem verzehrt zu werden?

Nochmals, aus dieser göttlichen *Falle* gibt es kein Entrinnen durch menschliches Denken, wenn wir an die Göttlichen Mysterien mit unseren menschlichen Kriterien, Wertmaßstäben und verstandesorientierten Denkweisen herangehen. Die Leichtfertigkeit und das gute Gewissen, mit denen die Bischöfe, Priester und gleichermaßen die Laien, besonders jene, die von Spiritualität Ahnung zu haben vorgeben, die augenblickliche sakramentale Situation als überkommen und selbstverständlich übernehmen und verteidigen, haben schon etwas spirituell Erschreckendes an sich: die Situation nämlich, in der ein Mitglied der Kirche als »in rechter Ordnung stehend« betrachtet wird, wenn es über 51 Wochen hinweg aus »Unwürdigkeit« dem Kelch ferngeblieben

[29] Gebet und Taufliturgie.

ist, aber dann in der 52. Woche plötzlich nach einer einige Regeln befolgenden vierminütigen Beichte mit anschließender Absolution »würdig« wird, um sich unmittelbar nach der Kommunion wieder in seine »Unwürdigkeit« zu begeben. Es ist deshalb so erschreckend, weil diese Situation offensichtlich das zurückdrängt, was die wahre Bedeutung und auch das *Kreuz* des christlichen Lebens ausmacht, das uns durch die Eucharistie eröffnet wird: die Unmöglichkeit, das Christentum unseren Wertmaßstäben und unseren Rangordnungen anzupassen; die Unmöglichkeit, es anzunehmen, es sei denn nach den Begriffen Gottes und nicht nach den unsrigen.

Welches sind diese Begriffe? Nirgends finden wir sie besser wiedergegeben als in den Worten, die der Priester beim Erheben des Heiligen Brotes spricht und die in der Urkirche die eigentlichen Einladungsworte zur Kommunion waren: »*Das Heilige den Heiligen!*« Mit diesen Worten und zusammen mit der hierauf von der Gemeindeversammlung gegebenen Antwort - »Einer nur ist Heilig, einer nur der Herr, Jesus Christus ...« findet alles menschliche Denken sein Ende. Das Heilige, der Leib und das Blut Christi sind für jene bestimmt, die selbst heilig sind. Zwar ist *keiner* heilig, ausgenommen der Eine Heilige Herr Jesus Christus, bleibt somit auf der Ebene der erbarmungswürdigen menschlichen Würdigkeit das Tor verschlossen; wir können nicht darbringen, was uns für die Heiligen Gaben »würdig« machen könnte. Einzig die Heiligkeit Christi selbst, die er uns in seiner unendlichen Liebe und Gnade vermittelt hat, läßt uns »zu einem ausgewählten Geschlecht, zu einer königlichen Priesterschaft, zu einem heiligen Volk« werden (1 Petr 2,9). Seine Heiligkeit, und nicht die unsere, macht uns heilig und somit »würdig«, uns den Heiligen Gaben zu nähern und sie zu empfangen. Denn es gilt, was Nikolaos Kabasilas in Kommentierung dieser Worte sagt: »Niemand besitzt Heiligkeit aus sich heraus, sie wird nicht durch menschliche Tugendhaftigkeit bewirkt, sondern alles, was wir haben, haben wir von ihm und durch ihn. Es ist, als wären verschiedene Spiegel unter der Sonne aufgestellt: sie alle sind hell angestrahlt, und alle werfen ihre Strahlen zurück, während es sich in Wirklichkeit nur um eine Sonne handelt, die sie alle beleuchtet ...«[30]

Das ist also der wesentliche »scheinbare Widerspruch« des sakramentalen Lebens. Es wäre jedoch falsch, diesen auf die Sakramente alleine zu beschränken. Die Sünde der Entweihung, die der hl. Paulus meint, wenn er von »unwürdig essen und trinken« spricht, umfaßt das ganze Leben, weil das ganze Leben, der ganze Mensch, Körper und Geist durch Christus geheiligt und dadurch heilig wurden; das Heiligsein erwächst nicht aus uns selbst. Die einzige Frage, die den Menschen gestellt wird, ist, ob er willig und bereit ist, in Demut und Gehorsam diese ihm so freizügig und voller Güte angebotene Liebe vor allem anzunehmen als das *Kreuz*, an dem sein alter Mensch mit seiner Lust und Verderbtheit gekreuzigt werden soll, das ihn dauernd richtet, und dann als die *Gnade* und *Kraft* für den ständigen Kampf um das Wachsen des neuen Menschen in ihm, jenes neuen und heiligen Lebens, dessen Teilhaber er geworden ist. Wir nehmen an der hl. Kommunion *nur* teil, weil wir heilig gemacht wurden durch Christus und in Christus; und wir nehmen an ihr teil, um heilig zu werden, d. h. um die Gabe der Heiligkeit in unserem Leben zur Wirkung kommen zu lassen. Wenn man sich das nicht vor Augen hält, dann »ißt und trinkt man unwürdig« - wenn man mit anderen Worten beim Empfang der Kommunion der Vorstellung erliegt, durch eigenes Tun und nicht durch die Heiligkeit Christi »würdig« geworden zu sein, oder wenn man die Kommunion empfängt, ohne sie auf sein Leben als Ganzes zu beziehen, als Gericht über dieses

[30] Liturgiae Expositio 36: *PG* 150, 449 C.

Leben, als Macht zu seiner Verwandlung, als Vergebung, aber auch als das unentrinnbare Betreten des »engen Pfades« der Mühen und des Kampfes.

Uns das nicht nur mit unserem Verstand, sondern auch mit unserem ganzen Sein klar zu machen und uns zu jener Reue zu führen, die nur alleine uns die Tore des Königreiches öffnet, darin liegt die wahre Bedeutung und der wahre Inhalt unserer *Vorbereitung auf die Heilige Kommunion.*

7. Die Bedeutung der Vorbereitung auf die Kommunion

In unserer gegenwärtigen Situation, die in mancherlei Hinsicht durch die Praxis der »seltenen« Kommunion geprägt ist, verlangt die Vorbereitung auf sie primär die Erfüllung gewisser Vorschriften und Regeln der kirchlichen Ordnung und der Spiritualität durch diejenigen, welche die Kommunion empfangen wollen: Enthaltung von sonst erlaubten Handlungen und Tätigkeiten, Lesen bestimmter vorgeschriebener Gebete (in unseren Gebetsbüchern ist *Die Ordnung für diejenigen, die sich auf die Kommunion vorbereiten* abgedruckt), Verzicht auf Nahrungsaufnahme am Morgen vor der *Kommunion*, etc. Aber bevor wir auf diese Vorbereitung im engeren Sinne des Wortes zu sprechen kommen, müssen wir im Lichte des oben Gesagten die Idee der Vorbereitung in ihrer weiteren und tieferen Bedeutung wiederzuentdecken versuchen.

Im Idealfall ist und sollte natürlich das ganze Leben des Christen eine Vorbereitung auf die Kommunion sein, genauso wie es die spirituelle Frucht der Kommunion ist und sein sollte. »Auf dich setzen wir unser ganzes Leben und Hoffen, o Herr ...«, lesen wir in dem liturgischen Gebet vor der Kommunion. Unser ganzes Leben wird beurteilt und gemessen durch unsere Mitgliedschaft in der Kirche und deshalb durch unsere Teilnahme an dem Leib und Blut Christi. Das ganze Leben soll erfüllt sein von der Gnade der Teilnahme und verwandelt werden durch sie. Die schlimmste Folge unserer gegenwärtigen Praxis besteht darin, daß die Kommunionvorbereitung von dem eigentlichen Leben »abgeschnitten« ist und daß es dadurch zu einer weiteren Entheiligung unseres tatsächlichen Lebens kommt, das immer mehr den Bezug zu dem von uns bekannten Glauben verliert. Christus ist jedoch nicht zu uns gekommen, damit wir einen kleinen Ausschnitt unseres Lebens für unsere »religiösen Verpflichtungen« aussparen. Er hinterließ uns das Sakrament der Kommunion mit ihm selbst, damit es unsere ganze Existenz heilige und reinige und alle Aspekte unseres Lebens auf ihn ausrichte. Der Christ lebt also in einem *Zwischenzustand*: zwischen dem Kommen Christi im Fleische und seiner Wiederkunft in Herrlichkeit, zu richten die Lebenden und die Toten; zwischen Eucharistie und Eucharistie - dem Sakrament des Gedächtnisses und dem Sakrament der Hoffnung und der Vorwegnahme. In der Urkirche bestimmte die zeitliche Abfolge der Teilnahme an der Eucharistie - das Leben im Gedenken an die eine und die Erwartung der anderen - in Wahrheit die christliche Spiritualität und gab ihr auch ihren eigentlichen Inhalt: Teilnahme, bereits während des Lebens in dieser Welt, an dem neuen Leben der zukünftigen Welt und die Umgestaltung des »Alten« durch das »Neue«.

In einfachen Worten ausgedrückt: diese Vorbereitung besteht zunächst in dem *Bewußtsein* nicht nur der »christlichen Grundsätze« im allgemeinen, sondern im Bewußtsein der *Kommunion* selbst - sowohl in der Form der Kommunion, die ich *bereits* empfangen habe, die mein Leben durch meine Teilnahme an dem Leib und Blut Christi richtet und mich durch den unausweichlichen Aufruf zu *sein*, was ich geworden bin, herausfordert, als auch in der anderen Form, die ich empfangen werde und in deren Leben, Heiligkeit und aufstrahlendem Licht die Zeit und alle Einzelheiten meines Lebens eine Wichtigkeit und spirituelle Bedeutung erlangen, die sie von einem rein menschlichen und weltlichen Standpunkt nicht haben würden. Ein ehrwürdiger Priester antwortete auf die Frage, wie man in der Welt ein christliches Leben führen könne: »Einfach dadurch, daß ich daran denke, morgen (oder übermorgen oder in ein paar Tagen) die Heilige Kommunion zu empfangen ...«

Einer der einfachsten Wege zur Weckung dieses Bewußtseins besteht in der Einbindung der Gebete, die vor bzw. nach der Kommunion gesprochen werden, in unsere tagtägliche Gebetsordnung. Üblicherweise lesen wir die Vorbereitungsgebete unmittelbar vor und die Danksagungsgebete unmittelbar nach der Kommunion; anschließend wenden wir uns einfach wieder unserem »profanen« Leben zu. Aber was hindert uns daran, das eine oder andere Dankgebet in den ersten Tagen der Woche nach der sonntäglichen Eucharistie und die Vorbereitungsgebete in der zweiten Wochenhälfte zu sprechen? So bringen wir das auf das Sakrament ausgerichtete Bewußtsein in unser tägliches Leben ein und richten unser ganzes Leben auf die empfangenen bzw. auf die bald zu empfangenden Heiligen Gaben aus. Das ist natürlich nur ein Schritt. Aber bedeutend mehr ist erforderlich. Vor allem bedarf es einer regelrechten *Wiederentdeckung* der Eucharistie - durch Predigt, Lehre und Gedankenaustausch - als das Sakrament der Kirche und deshalb als die wahre Quelle allen christlichen Lebens.

Auf der zweiten Stufe der Vorbereitung steht die *Selbstprüfung*, von welcher der hl. Paulus spricht, im Mittelpunkt: »... jeder prüfe sich selbst und dann lasse man ihn von dem Brot essen und aus dem Kelch trinken« (1 Kor 11,28). Das Ziel dieser aus Fasten, besonderen Gebeten (*Ordnung für diejenigen, die sich auf die Kommunion vorbereiten*), spiritueller Konzentration, Stille etc. bestehenden Vorbereitung soll nicht, wie wir bereits gesehen haben, dazu führen, sich selbst als »würdig« zu betrachten, sondern sich der eigenen *Unwürdigkeit bewußt zu werden*, was zur wahren *Reue* führen soll. Reue bedeutet: das Sehen seiner Sündhaftigkeit und Schwäche, das Erkennen des Zustandes der Trennung von Gott, das Empfinden von Traurigkeit und Schmerz über diesen Zustand, der Wunsch nach Vergebung und Versöhnung, das Zurückdrängen des Bösen und der Wunsch einer Rückkehr zu Gott, und schließlich der Wunsch nach der Kommunion zur »Heilung der Seele und des Leibes«.

Diese Reue beginnt jedoch nicht mit der Beschäftigung mit sich selbst, sondern mit der Betrachtung der Heiligkeit der Gnadengabe Christi, der himmlischen Wirklichkeit, zu der wir aufgerufen sind. Nur weil und insofern wir das »geschmückte Brautgemach« sehen, können wir ermessen, daß wir des Gewandes beraubt sind, das für den Eintritt in das Gemach erforderlich ist. Nur weil Christus zu uns gekommen ist, vermögen wir zu bereuen, d. h. uns als seiner Liebe und seiner Heiligkeit unwürdig zu erkennen und deshalb die Rückkehr zu ihm zu wünschen. Ohne diese wahre Reue, ohne diesen inneren und grundlegenden »Gesinnungswandel« wird die Kommunion für uns »Verdammnis« und nicht Heilung bedeuten. Gleichwohl ist die wichtigste Auswirkung der Reue, daß sie uns in Erkenntnis unserer Unwürdigkeit zu Christus führt als unserer einzigen Rettung, Heilung und Erlösung. Die Reue nimmt den verhüllenden Schleier von unserer Unwürdigkeit und erfüllt uns dann mit jenem *Verlangen*, jener Demut und jenem Gehorsam, der alleine nur uns in den Augen Gottes »würdig« werden läßt. Lesen wir die Gebete vor der Kommunion. Sie enthalten alle den einen Aufschrei:

> ... Ich bin nicht würdig, Herr und Gebietet, daß du eintrittst unter das Dach meiner Seele. Doch da du in mir Wohnung zu nehmen gedenkst, du Menschenliebender, nähere ich mich mutig. Du hast geboten: laß die Türen sich öffnen, die du alleine gemacht hast und du wirst eintreten mit deiner Liebe ... Du wirst eintreten und meinen verdunkelten Verstand erleuchten. Ich glaube, daß du dies tun wirst ...

Schließlich wird die dritte und höchste Stufe der Vorbereitung erreicht, wenn sich unser Verlangen nach dem Kommunionempfang einfach auf die Liebe zu Christus gründet und unser Sehnen auf die Vereinigung mit ihm abzielt, der »mit heißem Verlangen mit uns vereinigt werden wollte«. Über die Notwendigkeit und den Wunsch nach Vergebung, Versöhnung und Heilung hinaus ist und muß unsere Liebe zu Christus sein, den wir lieben, »weil er uns zuerst geliebt hat« (1 Joh 4,19). Und letztlich ist es die Liebe und nichts anderes, was uns das Überschreiten des Abgrunds ermöglicht, der das Geschöpf von dem Schöpfer trennt, den Sündhaften von dem Einzig-Heiligen, diese Welt von dem Königreich Gottes. Nur diese Liebe übersteigt in Wahrheit all unser menschliches - all zu menschliches - Getue über »Würdigkeit« und »Unwürdigkeit«, tut sie als bedeutungslose Sackgasse ab, fegt unsere Ängste und Behinderungen hinweg und bewirkt unsere Auslieferung an die Liebe Gottes. »In der Liebe gibt es keine Befürchtungen; denn die vollkommene Liebe vertreibt die Angst. Denn Angst bedeutet Qual. Wer Angst hat, ist noch nicht in der Liebe vollendet« (1 Joh 4,17-18). Es war diese Liebe, die den hl. Symeon, den Neuen Theologen, zu dem herrlichen Gebet anregte:

> ... als Teilhaber an den Göttlichen Mysterien, die den Menschen vergöttlichen, bin ich nicht länger alleine, sondern mit dir, o mein Christus ... Und ich werde nicht allein gelassen ohne dich, den Lebenspender, mein Odem, mein Leben, meine Freude, die Rettung der Welt.

Das ist die Zielsetzung aller Vorbereitung, allen Bereuens, aller Mühen und Gebete: Daß wir Christus lieben und »mit Mut und nicht zur Verdammnis« an dem Sakrament teilnehmen, in dem uns Christi Liebe geschenkt wird.

8. Beichte und Kommunion

Welchen Stellenwert nimmt in dieser Vorbereitung die sakramentale Beichte ein? Wir müssen diese Frage stellen und eine Antwort darauf versuchen, weil in vielen orthodoxen Kirchen die heutzutage allgemein angenommene Auffassung vertreten wird, daß die Laien unmöglich ohne sakramentale Beichte und Absolution zur Kommunion gehen können. Selbst wenn jemand häufig die Kommunion empfangen möchte, müßte er jedesmal zur Beichte gehen oder wenigstens die sakramentale Absolution empfangen.

Was auch immer die verschiedenen und teilweise ernstzunehmenden Gründe für diese Auffassung auch sein mögen, muß hier offen festgestellt werden, daß diese nicht nur keine Grundlage in der Tradition haben, sondern im Gegenteil zu alarmierenden Entstellungen in der orthodoxen Lehre von der Kirche, der Eucharistie und dem Bußsakrament selbst führen.

Um sich hiervon zu überzeugen, braucht man sich nur das ursprüngliche Verständnis der Kirche von dem Bußsakrament ins Gedächtnis zurückrufen. Nach den wesentlichen Aussagen der kirchlichen Lehre war und ist das Bußsakrament auch heute noch das Sakrament der Versöhnung mit Gott, der Rückkehr zur Kirche und ihrem Leben durch jene, die exkommuniziert worden waren, d. h. von der eucharistischen Versammlung der Kirche ausgeschlossen waren. Zunächst erlaubten der hohe moralische Standard, der von den Mitgliedern der Kirche in ihrem Leben erwartet wurde, und die strenge kirchliche Ordnung nur *eine* solche Wiederversöhnung: »Wenn jemand nach dem großartigen und heiligen Aufruf [zur Taufe] vom Teufel versucht worden ist und sündigt, *hat er nur eine Möglichkeit zur Buße*«, lesen wir in *Der Hirte von Hermas*, einem christlichen Dokument des zweiten Jahrhunderts, »denn wenn jemand häufig sündigt und Buße tut, dann wird diese Buße für ihn keinen Nutzen haben«[31]. Später und besonders nach der Christianisierung der Massen im Reiche nach der Konversion von Kaiser Konstantin, lockerte sich die Bußdisziplin etwas, das Verständnis des Sakramentes selbst änderte sich jedoch keineswegs: Es war nur für jene bestimmt, die aus der Kirche ausgeschlossen worden waren wegen Handlungen und Sünden, die in der kanonischen Tradition der Kirche[32] eindeutig definiert waren. Und dieses Verständnis des Bußsakramentes gilt auch noch heute, wie sich eindeutig aus dem Absolutionsgebet ergibt: »... versöhne ihn (sie) mit deiner Heiligen Kirche in Jesus Christus unserem Herrn ...« (Dies ist nebenbei *das* Absolutionsgebet, das allgemein in der Orthodoxen Kirche angewandt wird. Was ein zweites Gebet anbetrifft, das in vielen orthodoxen Kirchen unbekannt ist, - »... und ich, ein unwürdiger Priester, vergebe dir und spreche dich frei durch die mir verliehene Gewalt ...« - so ist dieses westlichen Ursprungs und wurde in unsere liturgischen Bücher zu einer Zeit ausgeprägter »Latinisierung« der orthodoxen Theologie eingefügt.)

Bedeutet dies aber, daß die *Nicht-Exkommunizierten*, die *Glaubenstreuen* von der Kirche als *sündlos* angesehen wurden? Natürlich nicht. Es ist ja die Lehre der Kirche, daß außer Gott niemand sündlos ist und deshalb »niemand der Lebenden ohne Sünden ist«. Aber es ist auch immer Lehre der Kirche gewesen, daß es gewisse Sünden gibt, die einen Christen exkommunizieren, während andere Sünden nicht zu einer Trennung von dem Leib der Gläubigen und von der Teilnahme an den Sakramenten führen. Nikolaos Kabasilas schreibt:

> Es gibt Sünden, die nicht tödlich sind nach der Lehre des hl. Johannes. Denn diese Christen, die keine sie von Christus trennenden und sie zum Tode führenden Sünden begangen haben, durch nichts am Empfang der Heiligen Mysterien und an der Teilnahme an der Heiligung gehindert sind, nicht nur äußerlich, sondern auch in Wirklichkeit, denn sie bleiben weiterhin lebendige mit dem Haupte verbundene Glieder ...[33]

Das heißt aber nicht, daß diese Sünden - die allgemeine Sündhaftigkeit, Schwäche und Unwürdigkeit unseres ganzen Lebens - keines Bereuens und keiner Vergebung bedürften; die ganze Vorbereitung auf die Kommunion ist, wie wir gesehen haben, in der Tat ein solches Bereuen und ein Aufschrei nach Vergebung. Sie bedürfen nur keines sakramentalen Bekenntnisses und keiner sakramentalen Absolution; die letztere wird nur über Exkommunizierte gesprochen. Unsere »nicht-tödlichen« Sünden und unsere allgemeine Sündhaftigkeit werden von den Gliedern der Kirche jedesmal bekannt, wenn wir uns zum Sakrament der Gegenwart Christi versammeln. Das ganze Leben der Kirche bildet eine ständige Buße. Während der Göttlichen Liturgie selbst bekennen wir unsere Sünden und bitten um Vergebung im *Gebet des Trisagion*:

> ... Vergib uns jede absichtliche und unabsichtliche Sünde. Heilige unsere Seelen und Leiber und befähige uns, dir zu dienen in Heiligkeit alle Tage unseres Lebens ...

Auch wenn wir uns dem Heiligen Kelch nähern, bitten wir um Vergebung der »absichtlichen und unabsichtlichen Sünden, begangen in Worten und Werken, wissentlich oder unwissentlich«, und wir glauben, daß uns durch die Teilnahme an dem Sakrament der Vergebung und der Heilung im Maße unserer Reue vergeben wird.

---

[31] 4,3. Siehe *P. Palmer*, Sacraments and Forgiveness, *Sources of Christian Theology*, Bd. II, Westminster 1959, S. 13 ff

[32] Siehe *P. Palmer*, a.a.O., S. 71 ff.

[33] Liturgiae Expositio 36: *PG* 150, 449 B.

Es muß klar sein, daß die Lehre, die das Bußsakrament zu einer *sine qua non* Bedingung für die Zulassung der Laien in der Kirche zur Kommunion macht, nicht nur eine Abweichung von der ursprünglichen und universalen Tradition der Kirche darstellt, sondern auch eine Verstümmelung der orthodoxen Lehre über Kirche, Eucharistie und Bußsakrament selbst bedeutet. Sie verstümmelt die Lehre der Kirche, weil sie *de facto* ihre Mitglieder in zwei Kategorien einteilt; für die eine von ihnen (den Laien), werden die Wiedergeburt durch die Taufe, die Heiligung durch die Heilige Salbung, das »Miterbesein mit den Heiligen im Hause Gottes« als nicht ausreichend betrachtet, um die *volle Mitgliedschaft* zu vermitteln, d. h. die Teilnahme an dem Sakrament, in dem sich die Kirche selbst darbietet als der Leib Christi und als Tempel des Heiligen Geistes. Sie verstümmelt die Lehre von der Eucharistie deshalb, weil sie für den Kommunionempfang andere Bedingungen setzt als für die Mitgliedschaft in der Kirche und weil es hierdurch praktisch unmöglich ist, die Eucharistie als das Hauptsakrament der Kirche zu sehen und zu erfahren, als eine Handlung, durch welche, wie es die Liturgie des hl. Basileios ausdrückt, »alle von uns, die an dem einen Brot und dem einen Kelch teilnehmen untereinander vereinigt werden in der Gemeinschaft des Heiligen Geistes. Und schließlich verstümmelt sie die Lehre des Bußsakramentes selbst, da dieses nunmehr eine formale und die einzige Bedingung für den Kommunionempfang geworden ist; die Beichte *tritt an die Stelle* der wahren Vorbereitung auf die Kommunion, die - wie wir sahen - in einer echten inneren Buße besteht. Die Betonung, die ganze Praxis dieses Sakramentes verlagert sich von der Reue zur *Absolution* und wird in den Begriffen einer fast magischen Macht gesehen.[34] Man sucht heute vor allem diese formale, halb magische, halb legalistische »Absolution« in dem Bekenntnis und nicht die Versöhnung mit der Kirche, von welcher der einzelne durch seine Sünden exkommuniziert worden ist. Der einzelne sucht sie nicht, weil ihn seine Sündhaftigkeit etwa stören würde (diese findet er im allgemeinen natürlich und unvermeidbar), sondern weil sie ihn »berechtigt«, sich den Heiligen Gaben mit gutem Gewissen zu nähern. Als bloße »Bedingung« für die Kommunion hat das Bußsakrament - das in der frühen Kirche so entscheidend und ehrfurchtgebietend war - in Wirklichkeit seine wahre Funktion und seinen Platz in der Kirche verloren. Wie konnte dann diese Lehre in der Kirche entstehen und zur Norm werden, zumal sie von so vielen beinahe als die Quintessenz der Orthodoxie verteidigt wurde? Drei Faktoren sind hierfür verantwortlich. Einen haben wir bereits erwähnt: Es ist jenes nominelle, minimalistische und laue Reagieren auf die Forderung der Kirche, jene *Vernachlässigung* der Sakramente, welche die Väter angeprangert haben und die zunächst zu einer immer selteneren Kommunion führte und schließlich in der Vorstellung einer »Einmal-im-Jahr-Verpflichtung« mündete. So wird offensichtlich, daß ein Christ, der seltener zu den Heiligen Mysterien geht und für die übrige Zeit mit dieser *de facto* »Exkommunikation« ganz zufrieden lebt, zunächst mit der Kirche versöhnt werden *muß* und somit zur Kommunion nicht zugelassen werden kann, wenn er nicht zunächst das Bußsakrament empfängt.

Ein zweiter, von dem ersten völlig verschiedener Faktor lag in dem innerkirchlichen Einfluß des monastischen Bekenntnisses - die geistliche Anleitung eines weniger erfahrenen Mönches durch einen erfahrenen - wobei der weniger erfahrene Mönch seine Gedanken ständig dem erfahrenen offenlegte. Der »Ältere«, dem die geistliche Führung und das Anhören des Bekenntnisses anvertraut war, war nicht notwendigerweise Priester (in ihren Anfängen wurde die monastische Lebensweise tatsächlich als

[34] Siehe meinen Artikel: Some Reflections on Confession, *St. Vladimir's Seminary Quarterly* 5:4 (1961) 38-44.

mit dem Priestertum unvereinbar betrachtet) und dieses Bekenntnis stand keineswegs in Beziehung zu Bußsakrament. Es war integraler Bestandteil des monastischen Lebens, dessen Ordnung auf absolutem Gehorsam, auf dem Verzicht des Mönches auf einen eigenen Willen gegründet war. Entsprechend der byzantinischen monastischen *Typika* des 12. bis 13. Jahrhunderts war es den Mönchen sowohl untersagt, ohne vorherige Erlaubnis durch den Abt oder seinen geistlichen Vater nach eigener Entscheidung die Kommunion zu empfangen als auch auf sie zu verzichten, denn so diese *Typika*, »sich selbst von der Kommunion auszuschließen bedeutet, seinem eigenen Willen zu folgen«. In Frauenklöstern kam die gleiche Gewalt der Äbtissin zu.[35] So haben wir es hier mit einem nicht-sakramentalen Bekenntnis zu tun, das *mutatis mutandis* in etwa unserem heutigen »Beichtgespräch« oder der »geistlichen Führung« entspricht. Historisch gesehen übte es jedoch einen entscheidenden Einfluß auf das sakramentale Bekenntnis aus. In einer Zeit geistlichen Niedergangs (ein Beispiel hierfür bieten die Beschlüsse des sogenannten Quinisext Konzils in Trullum, in Konstantinopel im Jahre 691) und des moralischen und geistlichen Autoritätsverlustes der »Welt«-Priester, wurden die Klöster zu den eigentlichen Zentren wahrer geistlicher Führung und die Mönche die einzig zuverlässigen geistlichen Ratgeber des orthodoxen Volkes. Ganz allmählich verschmolzen die beiden Bekenntnistypen, der »sakramentale« und der »spirituelle« zu einem: der »spirituelle«, der zur Vorbereitung auf die Heilige Kommunion wurde und der »sakramentale«, der nunmehr die ursprünglich ausgeschlossenen Probleme mit einschloß.

Diese allerdings historisch und spirituell gerechtfertigte und in dem Bedingungsrahmen, in dem sie stattfand, auch segensreiche Entwicklung, führte nichtsdestoweniger zu einer Verwirrung, die aus heutiger Sicht mehr schadet als nützt. Die Notwendigkeit nach pastoraler und geistlicher Führung und Anleitung in der Kirche steht außer Frage. Aber die eigentliche Frage ist doch: kann dieser Notwendigkeit in unseren z. Z. üblichen kurzen Drei-bis-fünf-Minuten-Beichten überhaupt entsprochen werden, wenn eine ganze Reihe der Einmal-im-Jahr-Büßer nur darauf wartet, »seine Pflicht zu erfüllen«, und es unter diesen Umständen offensichtlich nicht möglich ist, zum Kern der Sache vorzustoßen und wo das Bekenntnis seinen einhelligen Charakter als Nur-Sündenbekenntnis verloren hat, ohne schon zu einem rein geistlichen Gespräch geworden zu sein? Als nächste schließt sich folgende Frage an: Ist jeder Priester, besonders ein junger, ausreichend erfahren und angemessen ausgebildet, um alle Probleme zu lösen oder wenigstens zu verstehen? Wie viele schwerwiegende Fehler, wie viele spirituell schädliche Ratschläge, wie viele Mißverständnisse hätten vermieden werden können, wenn die eigentliche Tradition der Kirche beibehalten worden wäre, nach der das sakramentale Bekenntnis einem Bekenntnis der Sünden durch einen Büßer vorbehalten war und ein wirklich notwendiges pastorales und geistliches beratendes Gespräch zu einer anderen Zeit und in einem eigenen Rahmen geführt werden konnte; dies würde dem Priester die Gelegenheit bieten, in gewissen Fällen seine eigenen Unzulänglichkeiten zu erkennen und selbst Hilfestellung und Anleitung zu suchen - bei seinem Bischof, bei einem anderen Priester, so die spirituelle Erfahrung der Kirche nutzend.

Bei dem dritten und ach so entscheidenden Faktor handelt es sich erneut um den Einfluß der westlichen Scholastik mit ihrem juristischen Verständnis der Buße. Vieles wurde über die »westliche Gefangenschaft« der orthodoxen Theologie geschrieben,

---

[35] *S. Salaville*, Messe et Communion d'après les Typika monastiques du X au XIV s., Orientalia Christiana Periodica 13/1-2, S. 282-298.

aber nur wenige Menschen machen sich den wirklichen Umfang und die Tiefe der Verzerrung klar, die durch die westlichen Einflüsse auf das Leben der Kirche und vor allem auf das Sakramentenverständnis hervorgerufen wurden. Dieser westliche Einfluß führte zu dem (oben erwähnten) Bedeutungswandel von Reue und Versöhnung mit der Kirche, die das Wesen des Bußsakramentes ausmacht, zu einer fast ausschließlich unter dem Gesichtspunkt eines verbindlichen Rechtsaktes gesehenen Absolution. Wenn nach ursprünglichem orthodoxen Verständnis die Absolution vom Priester erteilt wird, der *Zeuge* einer wirklich echten Bußfertigkeit geworden und *deshalb* berechtigt ist, die göttliche Vergebung und die »Versöhnung des Büßers mit der Heiligen Kirche in Jesus Christus« zu verkünden und zu »besiegeln«, so wird im westlichen Rechtsrahmen die *Absolution* zu einer »eigenständigen Rechtsnorm« - so daß sich mancherorts die wahrlich seltsame Praxis herausbildete, die »Absolution« ohne Sündenbekenntnis allein auf eine entsprechende Bitte hin zu erteilen! Die anfängliche, bei Kabasilas erwähnte, Unterscheidung zwischen Sünden, die zur Exkommunikation führen und solchen, die nicht zu einer Trennung von der Kirche führen, wurde im Westen rationalistisch in einen Unterschied zwischen einerseits »Todsünden«, - die den Sünder des »Standes der Gnade« berauben und deshalb eine sakramentale Absolution erforderlich machen - und andererseits »läßlichen Sünden« umgedeutet, - die den »Stand der Gnade« nicht beeinträchtigen und für die ein Akt der Zerknirschung ausreicht. Im orthodoxen Osten und besonders in Rußland führte diese Lehre (unter dem Einfluß der latinisierenden Theologie eines Peter Moghila und seiner Gefolgsleute) zu einer zwingend erforderlichen Verbindung zwischen Beichte und einer jeden Kommunion. Ironischerweise wird dies, tatsächlich von allen lateinischen »Einflüssen« am meisten ins Auge fallende, von vielen Orthodoxen für die typisch orthodoxe Norm gehalten, während bereits der bloße Versuch zu einer nach der echten orthodoxen Tradition durchgeführten Neubewertung oft als römisch-katholisches Abweichlertum abgetan wird.

9. Eine vollständige Wiederentdeckung

Was wir also benötigen, ist zunächst eine zuverlässige *Wiederentdeckung* in der Kirche und durch ihre Gläubigen der echten Bedeutung der Eucharistie als dem Sakrament der Kirche, als dem wesentlichen Akt, in dem sie immer das *wird, was sie ist*: der Leib Christi, der Tempel des Heiligen Geistes, das Unterpfand eines neuen Lebens, die Gegenwärtigsetzung des Königreiches Gottes, das Wissen um Gott und die Vereinigung mit ihm. Die Kirche wird dies alles durch das »Sakrament der Zusammenkunft« - viele kommen zusammen und bilden die Kirche, indem sie als ein durch den einen Glauben, die eine Liebe, die eine Hoffnung geeinter Leib die Heilige Opfergabe, »mit einem Munde und einem Herzen« die Eucharistie darbringen, indem sie die Einheit - in Christus mit Gott und in Christus miteinander - durch die Teilnahme an den heiligen Gaben besiegeln.

Ferner müssen wir die Heilige Kommunion als die *wesentliche Nahrung* wiederentdecken, die uns mit Christus vereint und uns zum Teilhaber an seinem Leben, Tod und seiner Auferstehung macht, als das Mittel, das uns zu Gliedern der Kirche werden läßt und unserem geistlichen Leben und unserem Wachstum dient.

Schließlich brauchen wir die Wiederentdeckung der wahren Bedeutung der *Vorbereitung* als Brennpunkt unseres geistlichen Lebens, als jenes geistliches Mühen, das uns stets unsere *Unwürdigkeit* vor Augen führt und uns deshalb das Sakrament der Heilung und des Vergebens erstreben läßt, das uns die unergründliche Tiefe der Liebe Christi zu uns enthüllt, und uns befähigt, ihn zu lieben, und in uns das Verlangen nach Vereinigung mit ihm weckt.

Wenn wir all dies wiederentdeckt haben, werden wir auch entdecken, daß in der Tat das ganze Leben der Kirche seit jeher diese Vorbereitung gewesen ist: alle Vorschriften der Kirche - zur Liturgie, zum geistlichen Leben, zur Buße und zur innerkirchlichen Ordnung - verfolgen kein anderes Ziel, als uns dabei zu helfen, unser eigenes Leben zu einer fortwährenden *Vorbereitung* nicht nur auf die Kommunion sondern letztlich auf das, worauf uns die Kommunion ihrerseits vorbereitet - nämlich auf die Freude und die Fülle des »abendlosen Tages« von Gottes ewigem Königreich.

So entdecken wir von neuem die echte Erfordernis des Bußsakramentes, des sakramentalen Bekenntnisses. Wir werden in ihm nicht eine formale »Absolution« oder eine gleich formale »Bedingung« für die Kommunion sehen, sondern eine tiefe geistliche Erneuerung, die wahre Versöhnung mit Gott und eine Rückkehr zu einer Kirche, von der wir uns so oft durch eine hoffnungslose Weltlichkeit unserer Existenz exkommuniziert haben. Wir werden die geistliche Bedeutung der Bußperioden der Kirche - Große Fastenzeit, die Fastenzeit vor Weihnachten usw. - wiederentdecken und sie als die geeigneten Zeiten und die geeigneten Perioden der sakramentalen Buße wiederentdecken. Wir werden aber auch in uns selber die Erfordernis einer angemessenen geistlichen Anleitung verspüren. Und vor allem werden wir - in Furcht und Freude, mit geistlichem Erschaudern und im Glauben - das Sakrament von Christi Leib und Blut als die einzig wahre Quelle und die ständige Mitte unseres Lebens als Christen wiederentdecken!

Dies geschieht sicherlich nicht alles über Nacht. Es braucht viel Zeit, intensives Sich-Abmühen und viel Geduld. Doch bereits die Tatsache, daß diese Fragen in unserer Kirche und von ihren Mitgliedern gestellt wurden, - und sich auf einer tieferen Ebene, ein Durst und Hunger nach völliger Teilnahme an dem eigentlichen und wesentlichen, geistlichen und sakramentalen Leben der Kirche bemerkbar machte - gibt uns die Gewißheit, daß auch in der Dunkelheit und der geistlichen Zerfahrenheit unserer unruhigen Zeiten die Kirche »niemals altert, sondern sich selbst verjüngt«.

Jenen, die Gott mit der »rechten Verwaltung des Wortes seiner Wahrheit« betraut hat, obliegt es - den Bischöfen als den Wächtern über die Wahrheit - dafür zu sorgen, daß dieser spirituelle Hunger in Übereinstimmung mit den wahren Normen, den wahren Forderungen der kirchlichen Tradition gestillt wird.

Hefte des »Orthodoxen Forums« mit einheitlicher Thematik:

1) ***Th. Nikolaou*** *(Hg.)*, Bild und Glaube. Nikaia II. 787 - Ringvorlesung der Universität München im SS 1987, St. Ottilien 1987, 150 S., 15,- €
(„Orthodoxes Forum" 1, 1987, Heft 2, ISSN 0933 - 8586)

2) ***Ders.*** *(Hg.)*, Das Millennium der russisch-orthodoxen Kirche und die Bedeutung der Ortskirche, St. Ottilien 1988, 160 S., 15,- €
(„Orthodoxes Forum" 2, 1988, Heft 2, ISSN 0933 - 8586)

3) ***Ders.*** *(Hg.)*, Die orthodox-katholischen Beziehungen, St. Ottilien 1989, 161 S., 15,- € („Orthodoxes Forum" 3, 1989, Heft 2, ISSN 0933 - 8586)

4) ***Ders.*** *(Hg.)*, Die Synodalität der Kirche und das Heilige und Große Konzil, St. Ottilien 1991, 225 S., 15,- €
(„Orthodoxes Forum" 5, 1991, Heft 2, ISSN 0933 - 8586)

5) ***Ders.*** *(Hg.)*, Die Orthodoxe Theologie im Kontext Europas, St. Ottilien 1996, 175 S., 15,- €
(„Orthodoxes Forum" 10, 1996, Heft 1, ISSN 0933 - 8586)

6) ***Ders.*** *(Hg.)*, Die Stellung der Frau in der Kirche und die Frage der Frauenordination, St. Ottilien 2002, 185 S., 17,90 €
(„Orthodoxes Forum" 16, 2002, Heft 2, ISSN 0933 - 8586)

7) ***Ders.*** *(Hg.)*, Ost- und Westerweiterung in Theologie - 20 Jahre Orthodoxe Theologie in München, St. Ottilien 2006, 382 S., 17,90 €
(„Orthodoxes Forum" 19, 2006, ISSN 0933 - 8586)

Konstantin Nikolakopoulos - Athanasios Vletsis - Vladimir Ivanov (Hgg.), Orthodoxe Theologie zwischen Ost und West, Festschrift für Prof. **Theodor Nikolaou**, Frankfurt a. M. 2002, 716 S., 35,- € (ISBN 3-87476-401-X)

Münchener Universitätsschriften, Reihe: Veröffentlichungen des Instituts für Orthodoxe Theologie (VIOTh)

Bd. 1: *G. Grimm - Th. Nikolaou (Hgg.)*, Bayerns Philhellenismus. Symposium an der L.-M.-Universität München 22. und 23. November 1991, München 1993, 173 S., 12,78 € (ISBN 3-98034 37-0-7)

Bd. 2: ***Alexander Schmemann***, Die Große Fastenzeit. Askese und Liturgie in der Orthodoxen Kirche, aus dem Englischen von ***Elmar Kalthoff***, 2. Auflage, St. Otilien 2007, 112 S. (ISBN 978-3-8306-7272-2)

Bd. 3: ***Theodor Nikolaou***, Askese, Mönchtum und Mystik in der Orthodoxen Kirche, St. Ottilien 1995, 215 S., 19,- € (ISBN 3-88096-362-2)

Bd. 4: Der Deutschlandbesuch des Ökumenischen Patriarchen Bartholomaios I. (22.-29. Oktober 1993) - Eine Dokumentation - zusammengestellt von ***Radu Constantin Miron***, St. Ottilien 1996, 145 S., 11,25 € (ISBN 3-88096-430-0)

Bd. 5: ***Kyriakos Savvidis***, Die Lehre von der Vergöttlichung des Menschen bei Maximos dem Bekenner und ihre Rezeption durch Gregor Palamas, St. Ottilien 1997, 227 S., 19,- € (ISBN 3-88096-139-5)

Bd. 6: ***Georgios I. Mantzaridis***, Grundlinien christlicher Ethik, St. Ottilien 1998, 137 S., 11,25 € (ISBN 3-88096-139-5)

Bd. 7: ***Konstantin Nikolakopoulos***, Die „unbekannten" Hymnen des Neuen Testaments. Die orthodoxe Hermeneutik und die historisch-kritische Methode, Aachen 2000, 172 S., 19,94 € (ISBN 3-8265-7719-1)

Bd. 8: ***Theodor Nikolaou,*** Die Orthodoxe Kirche im Spannungsfeld von Kultur, Nation und Religion, St. Ottilien 2005, 306 S., 28,- € (ISBN 3-8306-7219-5)

Bd. 9: ***Theodor Nikolaou (Hg.) in Zusammenarbeit mit Konstantin Nikolakopoulos-Anargyros Anapliotis,*** Ost- und Westerweiterung in Theologie - 20 Jahre Orthodoxe Theologie in München, St. Ottilien 2006, 318 S., 24,80 € (ISBN 3-8306-7230-6)

Reihe: Liturgische Texte und Studien (LTS)

(Bd. 1:) ΕΓΚΑΙΝΙΑ - Kirchenweihe. Zusammengestellt, übersetzt und eingeleitet von ***Th. Nikolaou***, München: Institut für Orthodoxe Theologie 1995, 79 S., 4,- €

Bd. 2: ***Konstantin Nikolakopoulos***, Orthodoxe Hymnographie. Lexikon der orthodoxen hymnologisch-musikalischen Terminologie, Schliern b. Köniz 1999, 91 S., 14,60 € (ISBN 3-906596-04-4)

Bd. 3: Der Gottesdienst des Ehesakraments. Zusammengestellt, übersetzt und eingeleitet von ***Th. Nikolaou***, 2. Auflage, München 2002, 81 S., 5,- € (ISBN 3-9803437-2-3)

Bd. 4: Der Gottesdienst der Taufe und der Salbung. Zusammengestellt, übersetzt und eingeleitet von ***Th. Nikolaou***, München 2001, 84 S., 5,90 € (ISBN 3-9803437-3-1)

Bd. 5: ***Elmar Kalthoff,*** Die elf Auferstehungsevangelien. Versuch einer zusammenfassenden Darstellung, München 2004, 70 S., 6,- € (ISBN 3-9803437-4-X)

Orthodoxes Forum (OFo)

Zeitschrift des Instituts für Orthodoxe Theologie der Universität München. Gegründet und Herausgegeben (1987-2005) von Prof. em. Dr. phil., Dr. theol., Dr. h.c., Dr. h.c. Theodor Nikolaou. Herausgegeben von Prof. Dr. theol. Konstantin Nikolakopoulos.

Diese wissenschaftliche Zeitschrift bildet ein hauptsächlich deutschsprachiges orthodoxes Veröffentlichungsorgan, welches in beschränktem Umfang auch für französisch-, englisch-, und griechischsprachige Beiträge offen ist. Sie dient vornehmlich der Verbreitung orthodoxer Theologie und Spiritualität. Dadurch trägt sie auch zur ökumenischen Verständigung bei.

Die Zeitschrift enthält Aufsätze aus dem gesamttheologischen Bereich sowie Dokumente, Rezensionen und Chronik, die insbesondere die Orthodoxie betreffen.

Sie erscheint seit 1987 in der Regel zweimal im Jahr und umfasst ca. 300 Seiten jährlich. Das Jahresabonnement beträgt 34,- €. Einzelheft: 19,- €.

An den bislang erschienenen Heften des OFo (20 Jahrgängen), die mehr als 7.000 Seiten umfassen, haben über 200 - hauptsächlich orthodoxe - Autoren aus dem In- und Ausland mitgearbeitet. Zu den bisherigen Verfassern zählen nicht nur hohe kirchliche Persönlichkeiten (wie z. B. das jetzige Ehrenoberhaupt der Orthodoxen Kirche, der Ökumenische Patriarch, Bartholomaios I.), sondern auch viele renommierte Wissenschaftler (Theologen, Historiker, Byzantinisten etc.).

Stimmen zum Orthodoxen Forum:

„Die Herausgabe einer theologisch-wissenschaftlichen Zeitschrift von Orthodoxen für Orthodoxe und Nicht-orthodoxe ist zumindest in der Bundesrepublik Deutschland einstweilen einmalig ... Die Vielfalt der Beiträge hat sicherlich etwas für sich, weil in diesem Fall in ihr jeder etwas aus seinem Interessenbereich finden wird. ... Dem nichtorthodoxen Leser jedenfalls und den hiesigen Kirchen ist die Zeitschrift wärmstens zu empfehlen.“ **Ökumenisches Forum**

„Πρόκειται γιὰ μιὰ σπουδαία καὶ ἐπαινετὴ προσπάθεια, ... ποὺ καλύπτει ἕνα οὐσιῶδες κενὸ στὸ γερμανικὸ καὶ γενικότερα τὸ δυτικοευρωπαϊκὸ χῶρο.“ **Σύναξη**

„Cette publication d'Institut de théologie orthodoxe de Munich a de plus le double mérite d'être la première de ce type en Europe occidentale et de se recommander par une présentation soignée ...“ **Revue des Etudes juives**

„Die Stimme der Orthodoxie ist im deutschen Sprachraum doch noch relativ schwach, auch im Raume katholischer Theologie und ihres Lehrbetriebes. Daher ist eine Zeitschrift wie die vorliegende mit dem entsprechenden Niveau nur zu begrüßen.“
Zeitschrift für Katholische Theologie

„... ἐξαίρετον καὶ πλουσιώτατον εἰς ὕλην θεολογικὸν περιοδικόν ...“ **Ἐκκλησία**

Bestellungen/Abonnements:

An den EOS-Verlag
c/o Institut für Orthodoxe Theologie der Universität München
Ludwigstr. 29, D - 80539 München